人口減少社会の
コミュニティ・プラクティス

――実践から課題解決の方策を探る――

仁科　伸子
Nishina　Nobuko

御茶の水書房

目　次

はじめに：社会福祉学としてのコミュニティ・プラクティス研究の課題と目的 …………………………………… 1

第Ⅰ部　コミュニティ・プラクティスの解題

1章　コミュニティ・プラクティス発展の経緯 …………… 7
   1.1　アメリカの経済的発展とコミュニティ・プラクティスの系譜　7
   1.2　地域間格差とコミュニティ・プラクティスのはじまり　13
   1.3　コミュニティ間格差の拡大　17
   1.4　コミュニティへの期待とディレンマ　24

2章　コミュニティ・プラクティスの理論的系譜 ………… 27

3章　エンパワメントとコミュニティ・プラクティス …… 31
   3.1　エンパワメントの意味とソーシャルワーク　31
   3.2　エンパワメントの理論的背景と構造分析　33

4章　アリンスキーのコミュニティ・オーガナイジング … 41
   4.1　コミュニティ・オーガニゼーションの父アリンスキー　41
   4.2　これまでのアリンスキー研究　42
   4.3　アリンスキー戦略とは何か　43

第Ⅱ部　3つのコミュニティ・エリアのプラクティスから

5章　人口減少、地域の荒廃と闘うイングルウッド ……… 47
   5.1　貧困線以下の世帯が約半数のイングルウッド　48
   5.2　人口減少の現実　歴史ある町から荒廃へ　50
   5.3　住民が語る63通りの思い出　57

5.4　イングルウッド荒廃の時期と要因　68

5.5　イングルウッドの人口減少と荒廃を引き起こした複合的な要因　82

5.6　イングルウッド再生の主体、チームワーク・イングルウッドとそのネットワーク　84

5.7　シカゴ市とのパートナーシップで展開する大規模空地の1ドル譲渡　93

5.8　都市内の畑で職業訓練をするグロウイング・ホーム　97

5.9　1ドルで買った土地で非営利組織が遊び場作り　100

5.10　イングルウッド警察との連携による地域安全のための取り組み　101

5.11　非営利組織が空き店舗を使ったクサンヤ・カフェをオープン　102

5.12　イングルウッド再生の特性　パートナーシップと触媒型コミュニティ・オーガニゼーション　103

6章　住民のエンパワメントから見たコミュニティ・オーガナイジング
　　　　──レッドライニング反対運動からペアレント・メンターまで──　………………　106

6.1　ローガンスクエアの町　106

6.2　ローガンスクエア・ネイバーフッド・アソシエーションの取り組み　109

6.3　ペアレント・メンター事業　111

6.4　ローガンスクエアで注目すること　113

6.5　ペアレント・メンターの経験を語る　113

6.6　ペアレント・メンターの語りから見たエンパワメントへの過程　134

6.7　ディスエンパワメントからエンパワメントへの過程　139

7章　コミュニティ・オーガナイジングの変質
　　　　──不買運動からアフォーダブル住宅供給へ、そしてガーデンコミュニティへ：ウッドローンの変遷──　………………　146

- 7.1 ウッドローンの町　146
- 7.2 ウッドローンにおけるコミュニティ・オーガニゼーション　147
- 7.3 ウッドローン・コミュニティに見るコミュニティ・オーガニゼーションの変質と主体形成　164

8章　コープ方式による地域再生 …………………………… 170

9章　人口減少時代のコミュニティ・プラクティスの可能性 ……………………………………………………… 175

- 9.1 3つの事例から見た考察　175
- 9.2 ポスト福祉国家とコミュニティ・プラクティス　180

謝　辞　185

引用文献リスト　187

図・表目次

図1　シカゴ・コミュニティ・エリア（77コミュニティ・エリア）……… 14
図2　シカゴ市の人口推移　US Census ……………………………………… 18
図3　シカゴ市における中間所得者層の減少（1970年～2012年）……… 18
図4　シカゴ市及びその郊外の失業率 ……………………………………… 19
図5　シカゴ市及びその郊外の貧困線以下世帯割合 ……………………… 20
図6　シカゴ市のアフリカ系アメリカ人の分布 …………………………… 21
図7　イングルウッドの位置 ………………………………………………… 47
図8　イングルウッド中心付近 ……………………………………………… 49
図9　イングルウッド内の空き地を示す図 ………………………………… 54
図10　イングルウッド・モール ……………………………………………… 76
図11　ラージ・ロット位置図 ………………………………………………… 94
図12　計画地域内の修復すべき歴史的建築物 ……………………………… 94
図13　GHNが想案している敷地の大きな住宅 …………………………… 95
図14　ローガンスクエアの位置 …………………………………………… 107
図15　ウッドローンの位置 ………………………………………………… 146
図16　オバマ・プレジデンシャル・センターの位置 …………………… 148
図17　シカゴ大学があるハイドパークとウッドローンの位置関係 …… 150

表-1　8つのコミュニティ・プラクティス・モデル ……………………… 30
表-2　イングルウッドデータ ……………………………………………… 47
表-3　イングルウッドの人口とアフリカ系アメリカ人の割合 ………… 69
表-4　シカゴ・イングルウッド年表 ……………………………………… 74
表-5　グロウイングホームの歩み ………………………………………… 99
表-6　ローガンスクエア基本データ ……………………………………… 107
表-7　インタビューの対象者 ……………………………………………… 114
表-8　ウッドローン基本データ …………………………………………… 146

はじめに：社会福祉学としてのコミュニティ・プラクティス研究の課題と目的

(1) シカゴのコミュニティ・エリアとプラクティス

　シカゴでコミュニティ・プラクティスが発展してきた背景には、いくつかの要因があると考えられる。そのひとつは地域間格差、もうひとつは不十分で限定的な再分配システムの代替として民間システムが発達してくるという現象であろう。さらには、人口の減少や購買力の減退によって、市場のメカニズムでは投資や更新が行われない状況が生じているために、営利を目的としない主体が成長してくることになった。

　シカゴのコミュニティ・プラクティスの歴史は古く、19世紀から20世紀半ばにかけての社会的、文化的、経済的に恵まれない移民の教育と支援のためにイギリスからセツルメントが導入されたことや、教会の慈善事業に起源をたどることができる。(Chambers 1963, Davis 1967)。教育、社会福祉の未発達を代替する目的で生み出されたセツルメントは、瞬く間に全米に広がった。世界大恐慌を経て、社会保障制度が整備されるが、1980年代に大きく後退する。そして、中間所得者層の郊外移動による大都市中心部の貧困化とセグリゲーション、新しい移民の流入による地域間及び人種間の格差によって、広域的な政策が機能しにくい状況が生じていることに起因して、コミュニティ・プラクティスが活発化している（Chaskin, & Garg 1997）。アメリカ社会では、自由と自立を重視しており、再分配に関する合意形成が難しく、必要最低限の給付が行われるのみである反面、経済的成功者や企業の寄付に関する豊かで寛容な風土がある。コミュニティ・プラクティスも企業や篤志家による助成財団からの寄付を資金源としているが、非営利組織への連邦税制の優遇措置政策や中間支援組織を含むシステムがこれを下支えしている。

　2008年から16ヶ所のシカゴ・コミュニティ・エリアで実施されていた中間支援組織が立案し、助成財団が資金を投入して実施する包括的コミュニティ開

発（Comprehensive Community Initiatives, CCIs）について研究してきた。この研究によって、コミュニティ・プラクティスの内容は、教育、医療、福祉、就労支援、高齢者ケア、住宅供給、空き地、空き家対策、防犯、コミュニティ形成など包括的で多様であることが明らかになった（仁科　2013）。

(2)　本書の目的

　コミュニティを基盤としたプラクティスは、人々の生活を基盤とするため、防犯、環境整備、都市再生、公衆衛生などの多様な分野が関連する。1960 年代にロスマンがコミュニティ・オーガニゼーションをソーシャルワークとして位置づけした後、今日までの間、アリンスキーやソーシャル・セツルメントの流れを汲む組織、住宅供給を中心に行う CDCs、教会、経済開発を重視するプラクティスなどが、複雑化する地域の問題に対応するため活発に活動している。過去 10 年間にシカゴ市内のいくつかの地域において行ったフィールドワークでは、従来のコミュニティ・オーガニゼーションの枠組みに収まりきれない多様な活動に出会った。本書では、フィールドワークから得た知見をもとに、帰納法的に、現代社会におけるコミュニティ・プラクティスの実態とコミュニティ組織の役割について明らかにしようとしている。そして、人口減少や都市の荒廃、貧困などと闘うコミュニティ・プラクティスの多様性について言及し、中でも、エンパワメント、住民参加、コミュニティ組織の役割というコミュニティ・プラクティスにとって重要な 3 つの要素について考察する。

　研究の対象としているフィールドは、人口減少、空家や大規模空き地の発生、犯罪の多発、貧困、人種差別、移民の流入といった都市問題が複雑かつ多重に絡み合いながら発生している地域であり、社会福祉サービスや貧困対策の主要な対象となる人々が暮らしている。

　コミュニティ・プラクティスを考察すると、組織が解決のために取り組んでいる課題は住民の生活を中心としている。住民の生活は、貧困、住居、環境、仕事、家族、医療、教育といった様々な問題を抱え、生活課題も複雑で多様性に富んでいる。住民の生活課題を中心に考えると、社会福祉の分野に限らない、生活全般を取り巻く問題があることがわかる。したがって、貧困や失業という表層的な問題に対処する社会福祉事業の枠組みにとどまらない生活と地域全体

を包括的に捉える取り組みをコミュニティ組織が担っている。本書においては、そのような多様な取り組みがいかに実践されているかを追っていく。

(3) 日本社会との関係

シカゴで行っているフィールドワークには、今後の日本社会におけるコミュニティ・プラクティス・システムを構築していくためのアイディアの蓄積という目的がある。日本は、世界でも随一の高齢社会となったばかりでなく急激な人口減少も予想されている。このため、地域の課題を解決し、住み慣れた地域に住み続けることができるシステムを構築していきたいという期待がある。現代日本では、コミュニティを基盤とした取組みは、住民参加を前提として活動することが基本となっており、住民はコミュニティのための働き手と考えられている。これは、互助、共助などと呼ばれ、住民は地域福祉のための人材ととらえられているように思える。

地域を基盤とした取組みは、その発意がどこにあるかが重要であり、住民や民間の発意による活動を育てる仕組みが重要である。シカゴのコミュニティ・プラクティスにはそのためのヒントがあると考えている。アメリカと日本では、社会システムや福祉レジームに違いがあるが、サードセクターとしてのコミュニティ組織の実践が、人口が減少し、市場が成立しない状況において、いかに機能していくのかということについて、普遍性を見出していきたいと考えている。

(4) 用語について

コミュニティについて著すには、その定義を明らかにしなければならないが、1950年代にヒラリーが英語で書かれた文献のみを使ってコミュニティの定義を分析した結果、94個のコミュニティ概念があり、さらに多様な解釈がなされていることが明らかになったといわれているように、単純に定義することは難しい（Hillery 1955）。

社会福祉学の立場から、コミュニティを取り上げるときには、住民の生活の基盤となる地理的な一定範囲を意味し、しばしば共同体としての機能を持つ存在として、また、あるべき地域社会のあり方を指す政策的タームとして使われ

ている。

　コミュニティ・オーガニゼーションは、1935年にソーシャルワークの一分野として規定され、アメリカ、イギリスでそれぞれ別々に発達してきた歴史がある。日本の研究者がそれぞれの国の影響を受けながら解釈してきた経緯があり、コミュニティを対象とした社会福祉援助方法論の用語と解釈はアメリカ系、イギリス系それぞれの影響を受けて学んできた社会福祉学者の中で用語や解釈が入り混じっている。

　アメリカにおいて[1]、コミュニティ・オーガニゼーション（Community Organization）とコミュニティ・ディベロップメント・コーポレーション（Community Development Corporation：CDC＝コミュニティ開発法人）は、同じような事業をしていても、お互いに明確にその立場について区別をしている。フィッシャーは、コミュニティ開発（Community Development）をコミュニティ・オーガニゼーションの一部と捉えているが、実際にこれらの組織を調査していくと、実践家自身がどちらの立場であるかを明らかにする。

　日本で、コミュニティ・オーガニゼーションにかかわる用語の解釈が混合している単純な要因のひとつとして、同じ単語でもイギリス英語とアメリカ英語では、異なる事象を指していることがあげられる。レイン報告によって、コミュニティ・オーガニゼーションがソーシャルワークの一分野となったときには、共通概念化されていたが、その後80年あまりを経て、これまでのソーシャルワークとしてのコミュニティ・オーガニゼーションの概念に収まりきれない多様性が生まれてきている。これと同様の指摘は、英国人の立場からクラークが2017年に著した書籍にも記されている（Clarke 2017）。本書では、ソーシャルワークワークの用語として限定して使用するコミュニティ・オーガニゼーション（Rothman 1995）とそれ以上の意味や内容を含むコミュニティ・プラクティスという一般名詞を区別して使用することにする。

1）　最初に「アメリカにおいて」と断っているのは、イギリスにおいては、Community Developmentは異なる意味合いを持つためである。

第Ⅰ部
コミュニティ・プラクティスの解題

1章　コミュニティ・プラクティス発展の経緯

1.1　アメリカの経済的発展とコミュニティ・プラクティスの系譜

　アメリカ社会において、社会保障やソーシャルワークが社会システムとして整備されるのは、1929年の世界大恐慌以降である。暗黒の木曜日の株の大暴落をきっかけに始まった世界大恐慌によって、失業者が町にあふれ、それまで移民地域で活躍していたセツルメントや学校を中心としたコミュニティセンター運動[2]や、移民同士の助け合いでは到底解決できない普遍的な失業と貧困の問題が社会に蔓延した。世界恐慌は、貧困はコミュニティ・プラクティスでは解決できないことを明らかにした。それでは、21世紀を迎えて依然としてわれわれがコミュニティ・プラクティスに期待するのはなぜだろう。ここでは、経済発展や社会運動などと絡み合って発展してきたコミュニティ・プラクティスの状況について振り返り、格差と制度的救済の代替としてコミュニティ・プラクティスが発展してきた経緯を明らかにする。

　世界恐慌以前には、地域や個人の問題は、19世紀末にイギリスから導入されたセツルメント運動や教会による慈善事業、家族、住民同士の互恵的な関係性、社会的手段を持たない移民社会ではコミュニティの中のボスが手を差し伸べることなどインフォーマルな方法によって解決されてきた。貧困、疾病、子どもの非行や教育の問題は、アメリカ社会に馴染んでいない移民の問題であり、親や祖父母の時代にアメリカにやってきた英語を話すアングロサクソン系の移民にとっては、我がことではなかった。しかし、伝染病や治安の悪化、子ども

---

[2] セツルメント運動に影響されたエドワード・ウォードによって提唱された地域の公立小学校を中心として、地域住民が主体となって地域活動を行っていく運動。この思想は、ペリーの近隣住区論の下敷きとなっている。

たちの悲惨な状況は、新移民以外の人々を不安にさせ、やがて、ノブレスオブリュージュ（noblesse oblige）といった考えによって、慈善活動に参加するようになってきた。当時のアメリカを代表する建築家フランク・ロイド・ライトの母がハルハウスで活動していたことはよく知られている。

　1920年代には、自動車産業の発展、特にT型フォードのような大衆車の普及やそれに伴う郊外住宅開発と不動産ブームに乗って、好景気には終わりがないかに思われ、貧困というものが国から消えていくかに思われた（秋元 2009）。現在シカゴのミシガン・アベニューに佇む優美な高層のランドマークやユニオンステーションの荘厳な建物は、既に1920年代に建設され、都市も栄華を誇っているかのようだった。この状況を一変させたのが世界大恐慌だったのである。全米で1,300万人が失業し、人々の生活は窮地に陥った（Burns 1949）。大恐慌が起こった当時のアメリカの救貧制度は、州や基礎自治体によるそれぞれの救貧法と州独自の社会保険が組み合わされたものであった。1930年代には、失業救済は教会や慈善団体、篤志家や地域のボス的な人物などの民間の役割であったが、この限界が見えてきた（一番ヶ瀬 1968）。シカゴでは、イタリアのマフィアとして有名なアル・カポネがサウス・ステイト・ストリートの935番地でスープキッチンを開いて無料のスープを人々に配ったことが新聞に掲載された（Tribune 1930）。カポネは、スープやコーヒーを無料で配っただけでなく、仕事を紹介することもあったという（Tribune 1930）。しかし、このような民間の慈善事業は、成人の3人に1人が失業している社会においては、焼け石に水のようなもので、事態を改善するには至らなかった。

　1931年には郡や市町村の救済機関に働く人々によって全米福祉関係吏員協会（The American Association of Public Welfare）が設立され失業者のための救済に関する議論が行われた（一番ヶ瀬 1963）。

　1937～38年には、再び恐慌が生じる。ここで、アメリカ経済はケインズ政策に転じ、経済にも国の介入や規制が強まっていった（秋元 2009）。ヨーロッパではナチスドイツが台頭し、アメリカでは農民や労働者の困窮が貧を極めて一触即発の状態にまでなっていた。どん底の混乱から立ち上がるべく1939年には社会保障法が成立するなど、経済政策と同時にアメリカの社会保障政策の基盤がこのころに成立していった。

ローズヴェルト大統領は、ニュー・ディール政策を打ち出して大衆のフラストレーションを静める必要があった。当時、ニューヨーク社会事業大学の教授であり、ニュー・ディール政策の雇用促進局（Works Progress Administration：略称 WPA）の諮問機関委員会の委員長であった E. リンデンマンは、カンザスシティで行われた第 64 回中央社会事業協会の大会において、合理的な租税によって富の再分配を実現することや医療の社会化、失業、失敗に関して保険制度を確立するなどの考えを示した（Lindenman 1934）。つまり、個人の努力やコミュニティの力では如何ともしがたい全米に拡大した国民的貧困に対しては、社会制度による対応が必要であることをリンデンマンは主張していた。

1935 年、ローズヴェルト政権においてアメリカ社会保障法が成立する。この法の思想は 19 世紀後半から 20 世紀にかけてハルハウスなどのセツルメント事業に代表されるような社会事業を行ってきた民間の社会改良家たちが培ってきたアメリカン・デモクラシーに基づくものであると評価された（Schlesinger 1957）。そして、社会保障法の成立以降は、政府の役割が拡大し、社会福祉事業の資金源や担い手も民間から公的機関へと転換していった。これと同時にソーシャルワークは専門分化していく。1935 年には、全米社会事業会議一般分科会の構成は、ソーシャル・ケースワーク、ソーシャル・グループ・ワーク、コミュニティ・オーガニゼーション、ソーシャル・アクション、公的扶助などに専門分化していった（一番ヶ瀬 1963）。政策的には、ローズヴェルト政権下のニュー・ディール政策のキャビネットのメンバーとして、ハルハウスで実践を行っていたハロルド・アイクスが登用されコミュニティ・オーガニゼーションのアイディアを政策に反映させた（Hallman 1970）。1930 年代以降は中央集権化が進み、コミュニティ・プラクティスは停滞した。

実践は停滞したものの理論的には進歩を遂げた。コミュニティ・オーガニゼーションがソーシャルワークのひとつの分野として確立したのもこのころである。中央社会事業協会においてコミュニティ・オーガニゼーションに関する議論が行われ、その結果が、1939 年にレイン報告として提出された。この内容は、よく知られているとおり、コミュニティ・オーガニゼーションとは (1) ニードの発見と決定、(2) 社会的困窮と無力の解消と予防、(3) 社会資源とニードの結合及び、変化するニードをより充足するための資源調整であるとしている

(Lane 1939)。ソーシャルワークが専門化していく過程の中で1940年には、その養成は、大学院課程において行うこととされた。しかし、この時点では、ソーシャルワークやグループワークに比べると、コミュニティ・オーガニゼーションは観念的で社会事業学校にいても、その課程を設けたものはわずかしかなかった（一番ヶ瀬 1963）。

再びアメリカ社会においてコミュニティを単位とした実践が重視されるようになったのは、1961年からのジョンソン政権による貧困との戦いであった。政府からのトップダウンによって教会やセツルメントなどを基盤に形成されていたコミュニティ組織が補助金を受けて活動するという方法が用いられた。貧困との戦いにおいては、ソーシャル・ワーカーも起用されコミュニティにおいて活動した。ジョンソン政権には、ハルハウスでコミュニティ・オーガニゼーションを実践した主要メンバーやグレイ・エリア・プロジェクトなどで実践家として働いていた人材が登用され、コミュニティ・ベイストでの政策を展開する際のブレインとなった。しかし、この社会民主主義的なプログラムは、短い期間で破綻した。改革者から提案された政策課題とこれに抵抗した官僚、そしてプログラムへの参加者の願望の間には矛盾が生じていた（Tayler 2011, Marris 1974）。コミュニティは、政府の押し付けに対して抵抗した（Marris 1974）。

コミュニティを基盤とした実践に関する次の波は、公民権運動と都市再開発反対運動の波に乗った住民の組織化運動であった。公民権運動は、モンゴメリでのバスボイコット運動からスタートし1960年代を圧巻した。都市部では、教会や地域のリーダーを中心に、生活保障のための運動が展開された。保険会社や銀行が貧困な地域の住宅の購入し際して差別的な扱いをするために取り決めたレッドライニングに反対する運動や、都市再開発による立ち退きやジェントリフィケーションに反対する運動などがコミュニティ・オーガナイザーによって組織化されていった。労働組合運動から出現したソウル・アリンスキーによる運動の展開は、地域の教会の牧師や、住民のボスなどをリーダーとして、身近な生活問題から展開していく手法で、そのアグレッシブな運動展開のため何度か新聞の一面を飾ることになった。1960〜70年代の運動は、レッドライニングに代表されるような人種差別的な取り扱いへの反対運動や都市再開発に

よる追い出しやジェントリフィケーションへの抵抗などが中心となっていた。シカゴ大学による再開発に反対するウッドローン・コミュニティが、アリンスキーを招いて抵抗運動を展開したことは都市開発関係者に少なからず衝撃を与えた。ジェントリフィケーションは、すなわち、貧しい人々、特にその地域に暮らすアフリカ系アメリカ人の追い出しと住民たちは捉えていた。アリンスキーは労働運動の経験から得た巧妙な手段を使って、住民や教会のリーダーシップを構築して、メディアにアピールする派手な反対運動を展開し、最後にはシカゴ大学による開発を阻止してしまう。ソーシャルワークのひとつの分野として展開してきたコミュニティ・オーガニゼーションであったが、実は、ソーシャルワークに限らない他の分野の抵抗運動やソーシャル・アクションに結びつく特性を有していた。アリンスキーはコミュニティ・オーガニゼーションの父と呼ばれ、身近な生活問題を捉えて地域のリーダーを立てて運動を展開する手法で知られているが、レイン報告以降のソーシャルワークの流れを汲むコミュニティ・オーガニゼーションとは、一線を画すものであると解釈された（Alinsky 1946, Knoepfle 1990）。

　アリンスキーの著書の中で、地域のボスの人間味あふれる対応とソーシャル・ワーカーの官僚的対応を比較して、地域のボスのリーダーシップがいかに重要かを説く場面が登場する（Alinsky 1946）。アリンスキーの地域組織化の方法論は、いかに闘う材料を見つけ、地域のリーダーシップを利用して、派手に闘うかを重視していた。アリンスキーの見つける闘争の種は生活の身近なところにあるわかりやすいものであった。

　1980年代は近隣地域間の格差がいっそう拡大する。都市開発が盛んに行われたことは、ジェントリフィケーションを引き起こし、そこに暮らしていた人々をさらに住宅が安く借りられる別の地域へと移動させた。中間所得者層は、郊外に転出し、都市の内部には、外に出て行くことができない人々が取り残された。都市の中心部は荒廃し、空き家への不法占拠や犯罪が蔓延る近寄りがたい地域へと変わっていった。

　1970年代から80年代にかけて、コミュニティ開発法人（Community Development Corporation: CDC）が主に住宅を中心とした地域の再開発を住民とともに行う動きが活発化した。コミュニティ開発法人は、（Community

Development Block Grant：CDBG）を使って、荒廃し、空き地や空き家が増加した都心部において、住宅を供給する主体として活動した。都市再開発は、連邦法によって実施されるスラムクリアランス的な考え方によって実施されていた（西尾 1975）。他方、ＣＤＣは、大都市地域において、貧困な人々が、排除され追い出されることのない住宅を供給していくための主体となった。シカゴでは、主にアフリカ系アメリカ人が暮らす都市内スラム地域のクリアランスを行って、そこに公営住宅を建設した。大都市の貧困地域には、レッドライニング[3]によってローンを借りることや保険の契約締結が阻まれ、住宅を購入することもままならなかった。こうして、貧困なアフリカ系アメリカ人は、住宅取得の機会からも排除されていた。

　1990年代になるとアメリカはインフォメーション・テクノロジー産業の発展による好景気の波に乗って企業が多くの利潤を生むようになり、節税のため、非営利組織に投資する機会が増加した。これによってコミュニティ・プラクティスに対する財源も潤沢になった。ハウジングを中心とする開発を行うコミュニティ・ディベロップメント[4]から生まれた中間支援組織（インターミディアリーと呼ばれる）が先導し、民間の基金を活用したコミュニティ開発や教育、住宅、経済開発などへの投資が進んだ。この時代に、今度は高層のスラムと化した公営住宅の建替事業が行われた。クリントン政権において、「福祉から就労へ」をスローガンとした福祉改革が行われると、就労支援と教育への投資が増加した。リーマンショックによって景気が悪化するまでは、90年代からの景気のよさに牽引された助成財団の資金の潤沢さによって、コミュニティ・プラクティスは、事業の内容を変化させながら活発化していった。

3） レッドライニング（red lining）は、金融機関が、低所得階層が居住する地域を、融資リスクが高いとして赤線で囲み、融資対象から除外するなどして差別した。この問題の是正を図るために立法措置として人種や宗教による住宅融資の差別などを禁止した1968年公正住居法（Fair Housing Act）やさらに国籍、年齢、性別による差別も禁止した1974年均等信用機会法（Equal Credit Opportunity Act）などが導入された。
4） コミュニティ・ディベロップメント・コーポレーションズ（CDC）による開発。

1.2 地域間格差とコミュニティ・プラクティスのはじまり

シカゴは、社会的、文化的、経済的に特徴のあるコミュニティ・エリアによって形成されているモザイクのような都市である。一片一片のコミュニティがそれぞれに異なる人種構造や文化的な特徴をもち、同じストリートを歩いていても、コミュニティ・エリアの端のほうに来るとなんとなく街の雰囲気が変わったことに気づく。このようなコミュニティの集合体としての都市がいかに形成され現在のような構造になっていったのか、その経緯を振り返っておく。

シカゴは、移民のまちとして19世紀中ごろから人口が急増し始め、1950年代にピークを迎えたときには人口360万人を超える大都市となっていた。1950年を境に減少に転じて2000年以降若干回復するものの、人口約270万人にとどまり、ピーク時より90万人減少した。

19世紀から現在に至るまで移民の流入や南部からのアフリカ系アメリカ人の移動によってコミュニティが形成されており、コミュニティごとに異なる特徴や様々な文化や人種構造が見られる。このようなコミュニティをシカゴ大学の社会科学研究所が特徴ごとに75のエリアに区切って「コミュニティ・エリア」とした。現在では図-1に示すように77のコミュニティ・エリアに分かれており、コミュニティ・オーガニゼーションの活動はおおむねこのコミュニティ・エリアをゆるやかなテリトリーとして実施されている。また、シカゴ市が実施する統計調査などの集計区域としても活用されている。シカゴ市全体としては、ビジネスと商業の中心地区であるダウンタウンと、ゴールドコーストやリンカーン・パークなどを含む北部の高級住宅地、西部、および北西部にヒスパニック系移民の多い地域があり、南部（サウスサイド）へ行くとアフリカ系アメリカ人が多く暮らす地域となっている。

シカゴの移民の歴史を紐解くと、移民達は大陸に到着した順に社会的地位を確立していった。このことは、シカゴのコミュニティ・エリアの形成に多様に影響している。1850年代ごろまでは、ドイツ、イギリス、アイルランドなどの西ヨーロッパの移民が中心であった。イギリスからは、17世紀に移民が始まり、ドイツ人からは、鉄道建設の労働者や技術者としてやってきて、その後

14 第Ⅰ部 コミュニティ・プラクティスの解題

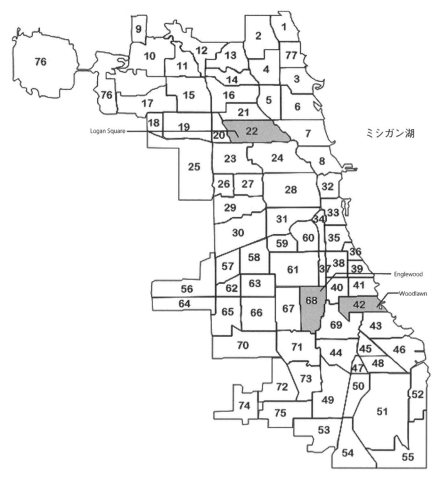

図-1 シカゴ・コミュニティ・エリア（77コミュニティ・エリア）
▩：第Ⅱ部でとりあげる地域。

移民として定着していった。

　よく知られているように、1845年から50年にかけて5年間、アイルランドでは、主食であったジャガイモの病気の蔓延によって不作が続き、大飢饉が起こった。このときに約100万人のアイルランド人が飢えと病気で死に、150万人が移民したといわれている（McCaffrey 1987）。これによって多くのアイル

ランド人が、アメリカへと入国することになった。シカゴにやってきたアイルランド人は、それまでにシカゴに移民にしていたプロテスタントと異なり、ローマンカソリックの信者であった。このために、カソリック教会を中心にパリッシュと呼ばれる教区に基づくコミュニティを形成していった。アイルランド人は英語を話すことができたために他の言語を母国語とする移民と比べて早く地域になじんで行った。シカゴにやってきたアイルランド移民は、消防、警察、市の職員、公立学校の教員といった職業にも多くついた（McCaffrey 1987）。

初期のアイルランドのパリッシュは圧倒的に労働者階級中心であったが、リンカーン・パーク、レイクビュー、オークランド、ハイドパーク、イングルウッド、オースティンのような近隣地域では、1880年代になると中産階級のアイルランド移民が増えていった（McCaffrey 1987）。

ユダヤ人は1833年ごろにシカゴに流入し始め、それから100年後には、シカゴには27万人のユダヤ人が暮らしていた（Cutler 1996）。シカゴの最初の恒久的なユダヤ人入植者は、中央ヨーロッパから、主にドイツの州からやってきた（Cutler 1996）。シカゴに最初のユダヤ教会（シナゴーグ）ができるのは、1941年のことである（Cutler 1996）。しかし、同じユダヤ人でも、ポーランドから移民してきたグループとは宗教的な違いがあり、すぐに二番目のユダヤ教会が建立された（Cutler 1996）。

1870年代後半に、東欧のユダヤ人、特にロシアとポーランドから、多くのユダヤ人がシカゴにやってきた。彼らは主に小さな農村または町から来て、1930年までにシカゴのユダヤ人人口の80％以上を占めることになった（Cutler 1996）。彼らは、街の最も貧しい地域であった西部のニアウエストサイドのマクセルストリート（Maxwell Street）にやってきた。

そこには、シカゴ全域から顧客を集めた賑やかなバザールが開催され、食料や道具や部品、日常生活品などあらゆるものが販売されていた。そのうち、ユダヤ人は、商人、職人や工場労働者となったり、衣料品関係の産業において生計を立てるようになった。マクセルストリートは、シカゴ社会学派のリーダーの一人であるルイス・ワース（Louis Wirth）の『ゲットー（The Getto 1928）』に描かれている地域である。その後、1930〜40年代には、グレート・マイグレーションとよばれる南部からのアフリカ系アメリカ人の大移動よって、ブルース

の町となった。

　19世紀後半になって、イタリアからの大量移民が始まる。シカゴのイタリア人口は、1900年の16,008人から、1930年に73,960人に達した（Candeloro 1995）。これらのイタリア移民たちは、本国で生活が厳しかった南部の農民（contadini）を中心に、鉄道労働や建設現場において働くようになった（Candeloro 1995）。都市の公共事業や産業で安定した雇用を得て、本国から女性が遅れてやってきて結婚し、家族形成に至る例が数多く見られた（Candelora 1995）。

　ポーランド移民がシカゴにやってきたのもやはり1850年代ごろのことだった。当初のポーランド移民はブルーカラー労働者としてシカゴにやってきた（Zglenicki 1937）。彼らは、小さな商店の経営者として地位を獲得して行った。ミルウォーキー・アベニュー、ディビジョン・ストリート、アーチャー・アベニュー、アシュランド・アベニュー、コマーシャル・アベニュー、ウエスト・47番街は、19世紀後半から20世紀にかけてポーランド人によって、シカゴの商業地域として繁栄していった（Zglenicki 1937）。ポーランド人および東欧のユダヤ人のビジネスコミュニティは、ポーランド人が多く暮らす地域で発展していった（Zglenicki 1937）。ポーランド移民によって、デパートなど繁華街に並ぶ店舗に加えて、医師、弁護士、ジャーナリストを含む多くの専門職が移民コミュニティで生まれ、都市の発展に貢献していった（Zglenicki 1937）。

　シカゴのポーランド人、ドイツ人、ボヘミアン人、リトアニア人、イタリア人、スロバキア人などのコミュニティがブルーカラーの労働者として産業地区の近くに集まっていたのとは対照的に、アイルランド人コミュニティは、シカゴ市の発展と同じように郊外に領域を伸ばしていった（McCaffrey 1987）。

　その後に入ってきた東欧からの移民は一段と貧しく、シカゴのミートパッキングと呼ばれる食肉加工業、鉄鋼など厳しい職場でのブルーカラー労働者となった。東欧からの移民たちの生活を描いたシンクレアの「The Jungle」（1906）の舞台となったのは、ミートパッキング地域である。これらの移民が定住した地域が、ループの南側に位置する地域であり、東欧移民たちのコミュニティがバック・オブ・ザ・ヤード・コミュニティの始まりとなった。シカゴのポーランド移民は、厳しい労働環境に対抗するため、労働運動に参加し、1904年のストライキ以来、彼らはストックヤードの組合に積極的に参加した（Pacyga

1991)。彼らは、1919年のスチールストライキや1930年代と1940年代の工業労働者の組合の連合であるCongress of Industrial Organizations（C.I.O）の組織化において大きな役割を果たした（Pacyga 1991）。ポーランド人移民の暮らす地域で労働運動を組織するオーガナイザーとして働いたのがソウル・アリンスキーである。20世紀初頭のストライキが始まると工場事業者たちは、そのころ発達していた鉄道を使って南部から農業に従事していたアフリカ系アメリカ人たちを大量に運んで、スト破りとして働かせた（竹中 1995）。アフリカ系アメリカ人は南部の差別的な待遇に比べ、工場での労働を好み、ストライキの何たるかの知識もないままにシカゴのストックヤード等で過酷な労働に従事するようになった（竹中 1995）。こうして、ストックヤードの周辺にブラック・ベルトと呼ばれるアフリカ系アメリカ人の居住地域が形成されていった。その地域では、家主はアフリカ系・アメリカ人に対して3倍以上の家賃を課し、一棟の住宅を違法に数世帯用に区切って賃貸することで、何倍もの収入を得ることができたため、次第にアフリカ系アメリカ人が暮らす地域は広がっていった。このように、シカゴは、出身国や人種や文化を共有する人々によってコミュニティが形成されてきた。これらのコミュニティは、現在シカゴに77ある。こうして生まれた多様な地域には、出身国、文化的、経済的、社会的に同質性のあるコミュニティが形成されていったが、貧しい移民たちの抱える課題に答えるため、19世紀末には、ジェーン・アダムスらによるセツルメント運動をはじめとするコミュニティを対象とした支援やサービス教育活動などを行う組織が生まれていった。

1.3 コミュニティ間格差の拡大

19世紀末から20世紀初頭にかけてシカゴでは、移民の流入によって急激に人口が増加する。1914年から1950年ごろまでは、南部からのアフリカ系アメリカ人の移動によって全米第二の都市としてニューヨークに次ぐ人口を誇るが、その後人口減少に転じる。ピーク時の人口に比べると2010年には、約40％の減少となっている。

次頁の図-3は、シカゴ市の年代別、所得階層別の居住割合を示したグラフ

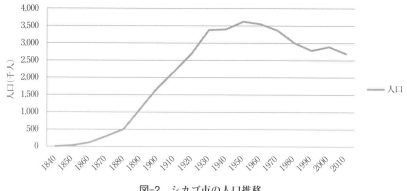

図-2　シカゴ市の人口推移
資料：US Census.

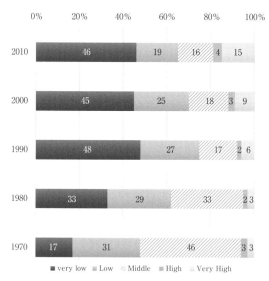

図-3　シカゴ市における中間所得者層の減少（1970年〜2010年）
資料：American Community Survey.

であるが、中間所得者層の居住割合の変化に注目する。このグラフの作成にあたっては、それぞれの年の収入の中央値をもとに所得階層を割り出している。15歳以上の個人の収入についてVery Lowは収入分位60％よりも低いもの、Lowは収入分位60〜80％、Middleは、80〜120％、Highは、120〜140％、

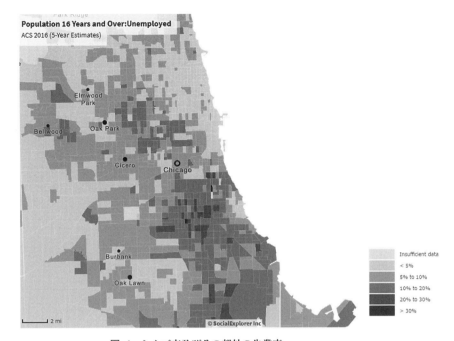

図-4　シカゴ市及びその郊外の失業率
資料：American Community Survey2016 Socialexplore にて作成。

Very High は、140％を超えるものとしてそれぞれ集計した。時系列でみると、収入分位60％を下回る低所得層が市内で増加している。そして1970年には46％であったミドルクラスは、1990年以降20％を下まわっている。ちょうど、1970年代以降、都市の中心部に集中していた人口が郊外に分散していく。ハーツは郊外住宅地に分散していった人口こそが本書のグラフにおいて大きく減少している中間所得者層なのであるとしている（Hertz 2014）。このような大都市の中間所得者層の減少という事態は、大都市中心部におけるコミュニティの紐帯、購買力、共同性を損ない、商店街の活気や安全性を阻害していった。図4、5からは、シカゴ市中心部の中でも特に南部や西部で失業率と貧困線以下の世帯の割合が高いことがよみとれる。中間所得者層は、このような地域から郊外へと移動していった。

シカゴでは、都市再生を行うにあたって、人種問題、貧困、失業、犯罪等の

20　第Ⅰ部　コミュニティ・プラクティスの解題

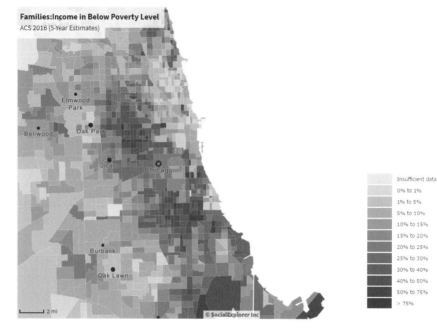

図-5　シカゴ市及びその郊外の貧困線以下世帯割合
資料：American Community Survey2016 Socialexplore にて作成。

多様な課題が絡み合っており、単なる物的な再開発では対処できないことを市政も住民も学んできた。コミュニティを基盤とした開発は、ひとつの可能性として期待されているが、住民自身がエンパワメントを必要としている状態で、果たして、どのような方法ならば、地域全体の停滞を底上げし、安全で住みやすい、多様な人々が共生していく都市を再生していくことができるかが課題である。中間所得者層が転出したことによって、所得階層や人種、住宅の所有関係などが都市の中で偏在化してきた。図-6 は、アフリカ系アメリカ人の居住地域を示しているが、セグリゲーションが進み、居住地域がシカゴの南部と西部に偏在していることがわかる。

　中間所得者層は、サウスシカゴに持ち家を残して転出したため、シカゴ南部の持ち家率が低下し、大量に発生した空き家には、他の地域のジェントリフィケーションによって、転出した低所得者が転入していくために、所得階層にも

1章 コミュニティ・プラクティス発展の経緯 21

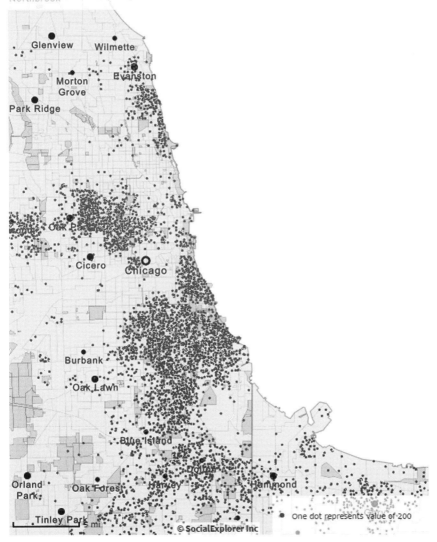

図-6 シカゴ市のアフリカ系アメリカ人の分布　　・：200人
資料：American Community Survey 2016 Socialexplore にて作成。

偏りが出て、ますますセグリゲーションが進む結果となっている。

　また、図-4、5、6を比較してみるとわかるようにアフリカ系アメリカ人が多い地域は、就業の機会が少ないために、貧困率、失業率ともに高い。

　イリノイ州における極貧世帯は（Extreme Poverty）2人世帯では年収約7,690ドル以下、貧困（Poverty）世帯とは、15,379ドル以下、低所得とは30,758ドルの世帯をいう（2014年現在）。イリノイ州において、0～17歳の子どもの貧困率を比較すると、アフリカ系アメリカ人は43.2％、ラテン系では27.1％、アジア系では13.5％、白人では10.9％となっており、人種間の格差が大きい（Terpstra & Rynell 2016）。同様に、18～64歳の女性、男性、65歳以上の男女など各年齢層で、人種間の比較を行うと、どの性別、及び年齢でもアフリカ系アメリカ人の貧困率が最も高い（Terpstra & Rynell 2016）。シカゴ市内で人種間の貧困率を見ると、アフリカ系アメリカ人33.6％、ラテン系23.3％、アジア系19.3％、白人10.2％となっている。約400年前、1619年にアフリカからははじめ人々が奴隷として連れてこられ、その後の歴史の中で常に有色人種に対する差別があり、これが今も続いているために貧困は続いている（Terpstra & Rynell 2016）。

　1934年、アメリカ住宅法は、連邦住宅局によって、住宅ローンや保険の分配を通じて住宅の所有者を促進することを目的に整備された。この法律の施行作業の一環として、政府機関は住宅用セキュリティ投資のリスクを判断するために、全国の都市の「地図」を作成した。アフリカ系アメリカ人が暮らす地域は地図上に赤色で表示され（レッドラインとよぶ）、投資に安全でないと判断されたため、資金調達が困難になった。金融機関は、FHAの引受規則に従うためにレッドラインを採択した。レッドライニングは、人種間の富の格差の最大の要因の1つと考えられている（Terpstra & Rynell 2016）。レッドライニングは、その後何百万もの家族の公正な住宅ローンを否定する結果となり、これらの家族は資産を蓄積して将来の世代に資産として譲渡する機会を失った。

　1968年、公正住宅法が施行され、アメリカ合衆国全域において法律上、住宅取得における差別が禁止された。つまり、どのような人種であっても、自分の求める地域に住宅を取得することが可能となった。

　しかし、公正住宅法の適用は、不動産会社によって一般取引する場合に限定

されていた。郊外住宅地では、ハウジング・アソシエーションが組織され、強固で均質なコミュニティが形成され、ベッドルームの数をリストリクティブ・コベナントで制限するなど巧妙な方法で大規模ファミリーが転入しにくくしたり、よそ者を排除するような差別的原理がまかりとおっていた。

　レッドライニングは、1968年に禁止されたが、特定のコミュニティに対するモゲージ貸付に関する有色人種への差別は今日も存在する（Terpstra & Rynell 2016）。住宅ローンを借りる際のラテン系とアフリカ系アメリカ人の申請者に対する差別的貸し付け待遇について、バンク・オブ・アメリカを相手に和解を勝ち取った。20万人以上のラテン系とアフリカ系アメリカ人のローン申請者は、同様のクレジット・プロファイルを持つ白人申請者よりもはるかに高い手数料を支払っていた。したがって、有色人種では、大不況時の住宅所有者の差し押さえ率が高い（Terpstra & Rynell 2016）。

　このような差別的な仕組みによって、人種間の格差と地域間格差は拡大していった。

　人種の偏在は、コミュニティの結束を生み出すことにもなった。1960年代アリンスキーによるコミュニティ・オーガニゼーションで有名になったウッドローンのコミュニティでは、ブレイザー牧師によって、アフリカ系アメリカ人による民族の自決がスローガンとして掲げられた（Braizer 1969）。コミュニティに内在する様々な要素を糧に今日もコミュニティを基盤とした都市の再生が行われている。ここでいう都市の再生とは、単なる建物の更新ではなく人々の生活を中心におき、教育、住宅、医療、福祉、経済などの多角的な側面からの地域の再構築を意味している。

　本書第Ⅱ部で取り上げるウッドローン、イングルウッドは、先にあげたようにセグリゲーションによって形成された典型的なサウスシカゴのアフリカ系アメリカ人地域であり、貧困や失業といった課題を抱えている。他方、ローガンスクエアは、市の北側に位置し、ヒスパニック系の移民とミルウォーキー・アベニューに立地する邸宅を購入したヤング・プロフェッショナルの混在する地域となっており、シカゴのコミュニティ・エリアには、珍しく人種が混合し、ダイバーシティに富む。

　しかし、いずれの地域も人口減少問題に直面している。特にローガンスクエ

アは、ジェントリフィケーションが進んでいる。

1.4 コミュニティへの期待とディレンマ

1.4.1 コミュニティ・プラクティスへの期待

現代社会において、特に西欧やアジアの先進国で、コミュニティに期待されいるものは、人口減少や高齢化の進展による地域社会のパラダイム転換への対応と、高齢になっても地域に住み続けるために共同して地域問題を解決し、見守りやケアを行っていくような地域のマネジメントをどのように行っていくかということであろう。テイラーは、コミュニティに対する期待は、崩壊した家族にかわるインフォーマルセクターとしての下支え機能、互恵性や相互扶助的役割であるとしている（Tayler 2011）。

特に世界の国々に先立ち他に類をみない人口減少高齢社会を迎えている日本では、この点が大きな課題である。アジア諸国の中で日本に次ぐ高齢化率と高齢化のスピードが明らかになっている韓国、台湾、シンガポールなども同じような政策課題を持っている。ヨーロッパでは、ドイツ、イタリア、英国が日本に次ぐ高齢化率を有するが、これらの国々でもコミュニティにおいて高齢期においても住み続けるための住宅政策やコミュニティ・ケアのあり方を長い期間かけて構築してきている。日本は、これらの国々を見習うように高齢者施策を展開してきたが、2000年以降は日本が高齢社会の先頭を行くようになって、追いかけるべき国を失っている。特に今後日本で深刻化するのは、人口減少である。国立社会保障人口問題研究所の推計によると、先進国の中で、2015～65年の間に最も人口が減少する国が日本であり、その減少率は30%を上まわっている。先に見たシカゴの人口減少に匹敵する大幅な下げ率である。人口減少によって生じる社会経済的な変化のひとつは、市場破綻である。購買力の低下によって、スーパーや商店、サービスなどが撤退する。さらに考えられるのは、社会共同性の破綻である。地域の伝統行事や共有地などの管理が機能しなくなってくる。ここでは、市場や住民にかわる主体の介入が求められる。

コミュニティに期待されるもうひとつの課題は、貧困や生活困難をいかに解決するかである。ヨーロッパの国々では、移民や移住によって人種や民族、言

語の異なる人々がひとつの国に入り混じって生活するようになってきた。アメリカでも移民を受け入れ、またかつてアフリカから奴隷としてつれてこられた人々の子孫やネイティブ・アメリカンズと呼ばれる人々など、多様な人種や民族が暮らしている。シカゴの例でみたように、これらの多様な人々は、人種や出身地によって集団化して暮らし、共通する人種や文化を持った人々がひとつのコミュニティを形成している。そして、多くの場合マイノリティグループと呼ばれるような移民集団やアングロサクソン以外の人種は、差別され、社会的、経済的に不利な条件のもとで、マージナルな存在になっている。したがって、このようなマイノリティグループのコミュニティは、貧困や健康問題、教育問題などの共通する問題を抱え、社会の主流をなすアングロサクソンのコミュニティと比較すると、社会的経済的に大きな格差がある。アメリカ社会には貧困問題を社会全体で共有せず、マイノリティグループの抱える問題については、そのコミュニティで解決することが妥当であるとする考えがある。

　マイノリティグループの貧困問題は、その社会における再分配機能がうまく働かないために起こっている。コミュニティ・プラクティスに再分配機能をもたせることはできるのだろうか。

1.4.2　コミュニティ・プラクティスのディレンマ

　現代アメリカにおけるコミュニティ・プラクティスは、行政主導で実施されるものは少ない。特に、シカゴでは、シカゴ市役所の中にコミュニティ開発を司る部署はなく、コミュニティに関係する仕事は、多様な部署において断片的に担当されている。コミュニティ・プラクティスを主にサポートしているのは、寄付を行う財団や、中間支援組織や地域のコミュニティ組織である。中でも日本から見た場合に耳目を引くのは、助成財団の存在である。アメリカでは、フォード財団のように巨大な資金を持つ助成財団によってコミュニティへの資金提供が行われており、コミュニティ・プラクティスが実施され、専門職としてのコミュニティ・オーガナイザー[5]が働いている（仁科 2013）。

　他方、英国でコミュニティ・ディベロップメントと呼ばれているコミュニティ・ベイストの取り組みは、政府の補助金によってまかなわれている。日本

---

5)　ただし、この専門職は社会福祉の専門職や、ソーシャル・ワーカーであるとは限らない。

の場合は、地域包括ケアは、コミュニティ・ベイストの取り組みであるが、その活動資金は、市町村行政と国からの補助金によって支出されており、高齢者の在宅介護に特化した仕組みの中にある。こうした財源の違いは、活動の自由に影響する。政府の補助金を財源とする場合には当然ながら制約がある。アメリカでは、貧困との戦いにおいては、政府主導でコミュニティ・アクション・プログラムを実施した。これに対して、政府の押し付けであるとの反発が起こったように、コミュニティの自主性、自由、民主主義的な決定といったものが、財源によって制限される可能性がある。

政府資金を使ったコミュニティ・プラクティスにおいては、コミュニティ・オーガナイザーは、政府や地方自治体の補助金によって働いているのであるが、しばしば、コミュニティにおいて課題を解決するためには、政府や地方自治体と対立するような立場におかれる可能性がある。

アメリカにおける「貧困との戦い」の中で、都市計画家が都市再生事業における公的機関のプランを住民の依頼によって見直し、住民の利益のために代替案を作成したり、公共機関による計画に批判を加えるといった支援を展開し、住民運動の基盤を広げ、その専門知識とスキルによって住民をエンパワメントする方法としてアドボケート・プランニングが生まれた。この手法は、都市計画家は、普段は公的機関から委託を受けて公共の福祉のために中立な立場に立って、利害を調整しながら計画を行うという専門的役割を担う立場であるにもかかわらず、住民の立場に立つことによって、自己の雇い主である行政に対立するという職業的ディレンマを生むことになった（西尾 1975）。このため、アメリカでは、住民が主体となった都市再生プランの作成において、民間財源が活用されるようになって、これが発達していった。ソーシャルワークの専門分野においても同じようなディレンマが生じる。

アメリカのコミュニティ・プラクティスの課題は、再分配という思想に欠けることである。力のあるコミュニティ・オーガニゼーションが育っていれば、多くの資金獲得し、地域に必要な事業を展開するが、そういった組織を持たない最も力を奪われた地域においては、何の手も差し伸べられないままに、益々格差が拡大していくというディレンマがある。

2章　コミュニティ・プラクティスの理論的系譜

　マレー・ロスは、コミュニティ・プラクティスのアプローチにおいて、多様なモデルがあることを示した研究者である。コミュニティ・オーガニゼーションとは、市民がニーズを特定し、行動を起こすプロセスであり、そうすることで協調的な態度と慣習が生まれるとしている（Ross & Rapptin 1967）。また、ロスは、コミュニティ・プラクティスに役立つ数多くの目標とその結果、多くのアプローチがあり、自らが達成しようとしていることを決定したときにのみ、どのアプローチが適切なものであり、どの方法が求める終結と一致するかを判断できるとして、改革オリエンテーション、計画オリエンテーション、プロセスオリエンテーションなど、コミュニティの実践を導く理念を区別した。

　ジャック・ロスマンは、コミュニティ組織のマクロ的実践の3つのモデルを規定している。もともと1970年に開発されたロスマンの3つのコミュニティ・モデルは、おそらくソーシャルワークの実践についての理論の構築に最も影響力のある概念化の1つである。ロスマンによるモデルでは、マクロ・プラクティスのための社会開発、社会計画、ソーシャル・アクションという3つのアプローチモデルが提示されている。2007年、ロスマンは社会の変化に対応するためにモデルを修正した（Rothman 2008）。ロスマンのモデルは現在、計画と政策、コミュニティ能力開発、社会的アドボカシーとして知られている（Rothman 2008）。これら3つのモデルは、独立して作用しないため、実際には互いに組み合わされて、実践される（Rothman 2008）。

　社会開発モデルは、近隣地域住民の参加型の変化モデルである。社会変革のためには、コミュニティの住民の参加を可能な限り広げる必要があるという前提に基づいている。そして、自己決定と民主的なプロセスに重点を置いて展開されていく。コミュニティ・オーガナイザーも、ソーシャル・ワーカーも人々のためにコミュニティを変えることはできない。専門家は、励まし、サポート

し、専門知識やその他の資源を提供することが役割である。住民自身が問題を認識し、それをどのように解決していくのかを段階的に示した計画を立案しなければならない。それによって問題が解決していくことも重要であるが、そこで住民が集まり、解決に向けて検討するプロセスが同様に重視されている。このモデルは、コンセンサス、協力、民主的プロセス、参加、自助を重視するモデルでもある（Rothman 2008）。

　社会計画モデルは、問題解決の技術的側面を強調している（Rothman 1995）。都市問題の多くは、複雑で、専門知識を持つ専門家によってデータ収集や分析がなされ、専門的な技術を駆使して変更を導き、制御していく。このモデルは市民の計画プロセスへの参加の機会をほとんど与えず、トップダウンに陥る可能性が大きい。たとえば、スラムクリアランスや、シカゴでの公営住宅建設計画のような方法を指す。その計画から実施のプロセスに、住民の意見や関与を入れ込む機会が非常に少ないという特徴がある。

　一方、ソーシャル・アクション・モデルは、地域社会において自らの権利を擁護し、その要求に基づき、権力への到達が難しい住民たちをサポートし、意思決定プロセスに参加することを目的とする介入方法である（Rothman 2008）。地域社会や地域の正統な代表に対して、権力、資源、意思決定プロセスを再分配することに重点を置いていると考えられる。したがって、しばしばこのモデルは、社会正義の実現のために、対立的、紛争的な戦術を使ってアプローチしていくという特徴がある。

　ロスマンのモデル以降、いくつかの変化があったが、現代アメリカのコミュニティ・プラクティスにおいては、常にdevelopment（開発）、organizing（組織化）、planning（計画）、change（変革）が中心となっている。そして、結果としてもたらされことが期待されているのは、エンパワメントと社会的公正である。現代アメリカのソーシャルワーク方法論の中で一般的に理解されているのは、WeilとGanmbleによる8つのコミュニティ・プラクティスであろう。コミュニティ・オーガニゼーションは、変化する状況に合わせて、コミュニティの人々の生活をマネジメントするために調整と変更を行う進行するプロセスである（Weilほか 2009）。コミュニティ・オーガニゼーションの基本原則は、コミュニティの意思決定プロセスに住民が集団的に参加し、自らの生活に影響を与え

ることを目的とした民主主義的な行動にある。

　Weilは、実践家の研修のために、8つのコミュニティ・オーガニゼーションのタイプを示した（Weil 2012）。それは、以下の通りである。

・近隣およびコミュニティの組織化
・コミュニティ機能の組織化
・コミュニティの社会経済開発
・社会計画
・プログラム開発とコミュニティ紐帯
・政治的、社会的行動
・融合、共同体（組織のネットワーク化）
・社会運動

　これらは21世紀型モデルと考えられているが、その背景として、多文化的背景、フェミニストと人権状況、グローバリゼーションが深く関係している（Weilほか 2009）。また、コミュニティ・プラクティスの中で、ジェンダーや女性に関連する価値観が重要視されるようになっている（Weilほか 2009）。ウェイルらによって、提示された8つのコミュニティ・プラクティス（次表）は、対象、求めるべきアウトカム、ソーシャル・ワーカーの役割について整理している（Weil 2009）。このようにアメリカでは、現代社会においては、コミュニティ・オーガニゼーションには、8つのタイプが存在すると考えられている。今後第Ⅱ部で紹介する人口減少社会におけるコミュニティ・プラクティスは、8つのモデルのうちのどれかひとつというわけではなく、これらの要素を含んで多様に展開されており、資格のあるソーシャル・ワーカーが中心となっているわけでもない。

　アメリカのソーシャル・ワーク資格は、修士課程における専門教育と長期の現場実習を前提としており、極めてプロフェッショナルな職業であるといえる。しかし、筆者がフィールドワークを続けてきた中では、ソーシャル・ワーク教育をバックグランドとして、コミュニティ・オーガナイザーとして働いている人材は少ない。

　2019年のコミュニティ・オーガニゼーションのディレクターの公募の例をみると次のような人物が求められている。

表-1　8つのコミュニティ・プラクティス・モデル

モデル名称	求められるアウトカム	ソーシャルワークの第一対象	ソーシャル・ワーカーの役割
近隣およびコミュニティの組織化	メンバーの組織化によって現況の負の状況を変革する	近隣住民 パリッシュ 地域	オーガナイザー ファシリテイター、教育者、コーチ
コミュニティ機能の組織化	アドボカシー、行動の変化、性質などを変える、サービス提供などのための社会的公正のための行動	同じ考えを持った人々	オーガナイザー、アドボケーター、ライター、ファシリテイター
コミュニティの社会経済開発（貧困が背景）	社会経済的投資について草の根の参加からプランを作成	地域の中の低所得、抑圧された、マージナルなグループや人々	ネゴシエイター、プロモーター、プランナー、教育者、マネージャー
ソーシャル・プランニング	市域、または地域のプロポーザル、計画立案	被選挙者、社会機関、関係する機関	調査者、プロポーザル作成者、コミュニケーター、プランナー、マネージャー
プログラム開発、コミュニティ紐帯	コミュニティサービスへの延長、方向転換 新しいサービスの組織化	エージェンシーの理事会、事務局：コミュニティの代表者	スポークスマン、プランナー、マネージャー、プロポーザル作成者
政治的、社会的行動	政策及び、政策立案のための社会公正活動	特定の政治的範囲における市民	アドボケート、オーガナイザー、リサーチャー、候補者
融合、共同体（組織のネットワーク化）	プログラムの方向性に影響を与えることや資源を引いてくる多角的組織力	特定問題のステイクホルダーである組織及び住民	仲介者、ネゴシエイター、スポークスマン、オーガナイザー
社会的運動	特定のグループ、問題に対して新たなパラダイムを与える社会正義	新たなビジョンを創造できるリーダー、市民、組織	アドボケート、ファシリテイター

出典：(Weil 2009)

　資格としては、大学でビジネス又は行政、あるいはその関連するフィールドを専攻し、修士の資格があればなおよい。非営利組織においてマネジメント・プログラムの立案、人事などに関して3〜5年の経験があり、少なくとも2年間の社会経済的困難をかかえた人のアドボカシーの経験と資金開発の経験を有する人物。その他の要件として、会計の基礎知識、優れた文章力とコミュニケーション能力、コミュニティ内の利害の管理経験などとなっている。

　こうしてみると、アメリカにおけるコミュニティ・オーガナイザーとソーシャルワーク理論におけるコミュニティで働くソーシャル・ワーカーの間には、乖離があるようにも見える。

3章　エンパワメントとコミュニティ・プラクティス

3.1　エンパワメントの意味とソーシャルワーク

　地域に介入していくときのひとつの目標は、住民のエンパワメントである。ロスマンが2008年に使用しているのは、キャパシティ・ビルディングであるが、本書では、以降、ソロモンに言及するためエンパワメントを用いる。

　近年のエンパワメント研究は、ほとんどが開発途上国に関係する実践家や研究者によって行われている。エンパワメントは、社会福祉だけでなく、政治、公衆衛生、開発、看護、ジェンダーなどの分野でも使われている概念である。しかし、エンパワメント自体を定義した論文はあまり見られない（Oxaal and Baden 1997）とされており、世界銀行が、エンパワメントに関して、3つの異なる定義を示している（World Bank 2001, Narayan 2004, Alsop, Bertelsen and Holland 2006）。ハルフォンは、国際機関が提示している女性に関して使用されているエンパワメント概念は、サービス、雇用、教育へのアクセスなどの指標に集中しており、政治的参加にほとんど焦点をあてていないと疑問を呈している（Halfon 2007）。このような評価を踏まえつつ、なお、世界銀行は、エンパメントについて研究を蓄積していることには間違いない。そこで、開発学における蓄積を社会福祉学に援用可能かどうかについては、検討しなければならない。

　国際開発機関にとってエンパワメントは、達成されるべき所定の状況、あるいは開発によって得られる結果を示すと考えられる。世界銀行の定義では、「エンパワメントとは、貧困層の人々の生活に影響を与える責任ある制度に参加し、交渉し、影響力を及ぼし、管理し、保有する資産と能力の拡大である。」としている（World Bank 2001）。世界銀行では2004年にエンパワメントを客観的指標として数量化して計測することを試みている（Peteschほか 2005, Mason 2005）。この中では、経済的意思決定、家庭内での意思決定、移動の自由、夫

との対等な関係性の4つのカテゴリーに基づくエンパワメントが提示されている（Narayan 2005）。

　この指標を使って同じ調査を行うとラテン系の人々に期待よりも高い数値が出やすく、東アジアでは低い値が出やすい傾向にあるとしている（Peteschほか 2005）。同じインデックスを使用しても文化や地域によって結果に差が出ることがあり、この傾向は、エンパワメントと密接な関係にある生活満足度の平均値にも現れている（Diener and Biswas-Diener 2005）。

　UNDPのGender Empowerment Measureや世界銀行が使用している「富」指標など、女性のエンパワメントを測定する指標や、エンパワメントを達成するために用いられた手段は、正確にはエンパワメントを構成する手段であるとする考え方もある（Agot 2008）。

　このように国際開発機関では、1990年代から女性、ジェンダー、開発についての議論を始め、2000年代には貧困削減に関する議論が盛んに行われてきた。これによって、エンパワメントは、経済的な自由や能力を手に入れることと直結していった。よって、最近、女性のエンパワメントに関する研究のほとんどは、開発に関連する分野で書かれている。今回6章でとりあげるローガンスクエアで調査対象にしているラテン系移民は、メキシコ、コロンビア、アルゼンチン、プエルトリコ[6]といった国から入国して数年、あるいは、長期間が過ぎている人、移民代二世代、第三世代が含まれており、また、居住する地域がイリノイ州シカゴ市という自由な市民社会であることに鑑み、この影響にも配慮する必要があろう。

---

6) プエルトリコ人はスペイン語を話し、ラテン系ではあるが、正確には移民ではない。アメリカの海外領土として、米国自治連邦区にあたる。主権国はアメリカであるが、自治政府による内政が認められている。しかし、アメリカ本土の大都市との経済格差により移動が多い。シカゴでは、北西部のフンボルトパーク・コミュニティ・エリアやローガンスクエアなどに多くのプエルトリコ人が暮らしている。

3.2 エンパワメントの理論的背景と構造分析

3.2.1 ソーシャルワークにおけるエンパワメント

ここでは、まず、ソーシャルワークの中でエンパワメントの概念がどのように取り入れられ、どのように扱われてきたかを整理した上で、理論構造について整理する。

エンパワメントを最初にソーシャルワークの概念に統合したのは、サザン・カリフォルニア大学でソーシャルワークを研究していたバーバラ・ソロモンである。エンパワメントは、その概念が国際開発の中でも使われるようになったが、専門職が、イネイブラーとなって、パワーレス状態の人に力を与えると考えている点が、援助者と被援助者の間に上下関係を生じているとして、1980年代には批判の対象となった。その代わりに、キャパシティ・ビルディングの概念が盛んに使用されていた時期もある。途上国におけるエンパワメントが、批判された経緯は、先進国からやってきた開発者が先進国の論理や価値観で開発を行うことへの抵抗や反省であった。この影響を受けて、アメリカのコミュニティ開発やコミュニティ・オーガニゼーションでもキャパシティ・ビルディングの概念を多用した時期もあるが、コミュニティ・プラクティスを検討するうえでは、エンパワメントは重要な概念である。

ソロモンは、研究者であると同時に、養子縁組のソーシャルワークからはじまり、病院や地域のコミュニティ組織の委員長を務めるなど実践にも明るい人物であった。ソロモンのいうエンパワメントとは、「力を失った状態（powerlessness）」から再び力を得る状態を指す（Solomon 1976）。

アメリカは、南北戦争によって、公式には奴隷制を廃止したが、南部の州では、アフリカ系アメリカ人に対する差別を終結させず、人々は差別に耐え続けていた。モンゴメリー・バス・ボイコット（Montgomery Bus Boycott）は、アフリカ系アメリカ人がアラバマ州モンゴメリで市バスに乗り込み、人種によって分離された座席に抗議したことに発端する運動であった。ボイコットの契機となったのは、アフリカ系アメリカ人の女性ローザ・パークスが白人男性に座席を譲らなかったために逮捕され罰金を科された事件であった。最高裁は、最

終的にモンゴメリ市にバスにおける人種の統合を命じ、ボイコットの指導者の一人でキリスト教の牧師であるマーティン・ルーサー・キング・ジュニアが、アメリカの公民権運動のリーダーとして浮上した。こうして、ひとつの事件は運動に発展し、1960年代は、アメリカのアフリカ系アメリカ人にとって失われた力を取り戻すための闘争の時期となった。

マルティン・ルーサー・キング・ジュニアは、人権運動の国家的指導者として、非暴力抵抗運動を率いた。キングのアプローチは、1960年代の公民権運動の象徴であった。公民権運動を扇動する草の根的な取り組みの舞台は、コミュニティであった。公民権運動で勝ち得た法的平等のもと、アフリカ系アメリカ人は、「ブラック・パワー」と「コミュニティ・コントロール」を求めた（Solomon 1976）。

ソロモンは、こうした公民権運動の中で使われていたパワー、つまり力の概念をソーシャルワークに取り込んだのである。

ソロモンは、エンパワメントこそがソーシャルワークのプロセスであり、ゴールであるとしている（Solomon 1976）。ソロモンのソーシャルワークにおけるエンパワメントの概念は、マイノリティ集団に対する負の評価の結果やスティグマを付されている集団に所属していることによって生じたパワーレスな状態に対して、パワーのある状態に引き上げることであるとしている（Solomon 1976）。

ソロモンの著書 Black empowerment においては、「エンパワメントとは、ソーシャル・ワーカーや他の専門職が、対象者とともに差別やスティグマを刻印された集団に所属することによって生じたパワーレスの状態を減じるために行う活動、およびその過程である」としている（Solomon 1976）。ソロモンは、ソーシャルワークそのものの対象として個人（文中ではClientという用語を使用）をあげているが、著書全体を捉えてみると、その所属する集団であるコミュニティ全体のエンパワメントを志向している。ソロモンの定義するエンパワメントの最終的な目標は、差別やスティグマを刻印された集団の力の回復であった。

ブラジルの貧困地域で識字教育を通じて住民のエンパワメントを行ったパウロ・フレイレは、抑圧された人々自身が、自らが抑圧され、マージナルな位置に追いやられていることに対して、批判的視点や観察能力を養い、解放の道を

歩み始めるために立ち上がることをエンパワメントと考えた（Freire 1973, 1993）。フレイレは、識字教育にかかわってきた経験から、詰込み型の教育は、このような自らを解放するための能力を妨げると考えていた（Freire 1973, 1993）。フレイレは、批判的視点を養うような教育にこそ、エンパワメントの源があると考えていたのである。このフレイレの考え方は、南アメリカだけでなく、世界の実践家による共感を得た。アメリカにおけるコミュニティ実践においても、フレイレの解放のための批判的視点が導入されていった。

　ソロモンとフレイレには、貧困によって、教育をうけることや、コミュニティにおける意思決定や政治的な関与を行うことが困難な人々やコミュニティを対象として働いてきた経験からエンパワメントの概念を打ち立てているという共通点がある。

　ジョン・フリードマンは、エンパワメントの定義に関して、力を剥奪された状態、あるいは、力（権力の基盤）へのアクセス機会がない状態であり、逆に接近の機会を得ることによって、貧しく、意思決定の過程から排除されてきた人々が自ら力を獲得する道を開くとしている（Friedman 1995）。エンパワメントのプロセスが進みパワー・バランスに変化が生じるとこれまでパワーを持たなかった集団や個人がパワーを持つようになり、これまでパワーを持っていたものを含めた社会の構造的変化が起るが、これをトランスフォーメーションと呼んでいる（久木田 1998）。

　1980年代には、エンパワメントは開発分野で使用されるようになり、指標の開発が行われている。エンパワメントされた状態は、その対象がパワーレスとなった経緯、政治的、経済的、文化的な背景と密接に関係しており、どのような状態が、エンパワメントされた状態であるかは、それぞれの対象によって異なると解釈することは妥当である。1970年代のアメリカにおいてアフリカ系アメリカ人が求めたパワーは、権利、教育、コミュニティのコントロールである。権力（パワー）の意味するところは多様であるが、コミュニティにおける参加のひとつのよりどころとして、これまで何かを訴えても無視されつづけ、叫べども声なき声であったのが、ひとつの意見として取り上げられるという状態、つまり意思決定への参加があげられる。ゆえに、コミュニティにおける住民参加が重視されてきたのである。

3.2.2 エンパワメントの構造

世界銀行が示したエンパワメントにかかわるカテゴリーとして、社会的疎外からの回復、地域社会への参加、権力への影響力、自己決定、地域社会のコントロールとマネジメントの5つがある（World Bank 2001）。最近スウェーデンの国際開発機構が行った研究では、政治的な開発、社会的開発、経済的及び自然資源の開発、自己能力（Capability）開発の4つに集約されている（Juppほか 2010）。この二つのエンパワメント構造要素を比較してみると、世界銀行が示している社会的疎外からの回復と地域社会のコントロールとマネジメントは、エンパワメントの結果とも考えられる。2005年に世界銀行が出したワーキングペーパーの中に、開発途上国においてエンパワメントを計測するための指標が掲載されている（Alsop & Heinsohn 2005）。その項目は、経済、政治及び権力、社会・経済的資源へのアクセス、自己開発、社会関係構築であるが、開発途上国におけるエンパワメントと、シカゴのような先進国の大都市ではエンパワメントの中身が異なり、相対的な考え方によるエンパワメント指標が必要となると考えられる。

3.2.3 住民参加と合意形成

アメリカにおいて住民参加が政策的に導入されたのは1960年代の経済機会法においてである（西尾 1975）。コミュニティ・アクション・プログラムの中において「最大限可能な限りの住民参加」が規定されたことによってゲットーなど貧困な地域に暮らす人々を政策的に近隣再生事業の中に参加させることが補助事業の条件となった。かつてニューイングランドに植民地を形成した当初から学校や道路やサービスなどの開発に関して、すべてを顔が見える直接民主主義によって意思決定し、自ら推進し、政府は後から足りない部分を補うという方法論が、アメリカ社会では用いられてきた。コミュニティ・アクション・プログラムに盛り込まれた住民参加の一文は、このような伝統を継承したものであったと考えられる。

また、この頃、社会的には公民権運動が高揚してきており、ブラック・パワーに象徴されるように、アフリカ系アメリカ人の地域では、自分たちが地域のサービスを担いガバナンスを構築すべきであるという考え方が浸透していった。こ

れによって、住民参加は一層重視されるようになり、以降、アメリカの貧困地域における再生事業においては、住民参加は必要不可欠な要件と考えられるようになった。

アーンシュタインは市民参加には住民の意見を取り入れない段階、形式だけの参加、住民の権利としての参加に段階があるという理論を展開し、「住民主導」「部分的な権限委譲」「官民の共同作業」「形式的な参加機会の拡大」「形式的な意見聴取」「一方的な情報提供」「不満を逸らす操作」「世論操作」という8段階があると論じた（Arnstein 1969）。

アーンシュタインの住民参加理論の中では、住民に対抗しているものは合衆国政府や州政府、市政などのガバメントである。参加の度合いが低い段階では、世論操作や、不満を逸らす操作によって参加すること自体が阻止されていると考えられているが、次の段階では形式的な参加機会の拡大、形式的な意見聴取、一方的な情報提供によって、見せかけの住民参加を行う。そしてそれ以上の段階になると段階的に権限の委譲が行われ、最終的に住民主導となるとしている。最終段階では、住民自身が地域再生において意思決定を行い、かつ、住民のコントロールによって、地域をマネジメントするという姿が想定されている。

アメリカの大都市において、コミュニティ再生が意味するところは、単なる物的再生だけでなく、同時に貧困や失業、空家や差し押さえ物件の問題、薬物問題や犯罪の減少など地域が抱える問題を地域として解決していくことをも意味する。課題解決に成功を収めるためには、地域の中での民主的な合意形成とこれに基づく意思決定が行われなければならないが、住民自身がこれを運営できる力量を持たなければならない。

モーガンは、大都市のコミュニティ再生について「ほとんどの成功している事業は、その地域に住む人や影響を受ける人、通常は住民によって民主的な意思決定がなされおり、リーダーシップ・ディベロップメントが行われている」としている（Morgan 2008）。

3.2.4. コミュニティ・エンパワメントとは何か

ハナとロビンソンは、「コミュニティ・エンパワメント」の3つの基本モデルを「伝統的モデル」、「直接行動モデル」「変革モデル」のように規定してい

る（Hanna & Robinson 1994）。

　伝統的な社会変革モデルは、「伝統的な」選挙政治によって行われる変化に基づいているものであるが、選挙と政党がこのモデルの中では重要である。つまり、何らかの要求を実現するための手段として、政治家が手を貸すためには選挙で当選しなければならない。したがって、投票行動や当該候補者が議会での発言権を得るような状況になることが不可欠である。しかし、ハナとロビンソンは、実際には、利益団体政治と政治的リベラリズムは、米国の疎外化された社会集団への利益をほとんどもたらさないと断じている（Hanna & Robinson 1994）。

　少数民族や女性の選挙区への参加が増加することは、人種差別や性差別の減少に向けた積極的なステップであるが、選挙によって政治が多くの人々に日常生活の変化をもたらすような力を持たせるわけではないと指摘している。

　直接行動モデルは、積極的な抵抗や既存の条件に対する抗議、法律や政策提言によるものであるが、公民権や反戦運動のような広範な国家的動向の中で、人々は一時的な大衆動員に参加する可能性がある。あるいは、地域的な問題に焦点を当てた小規模な行動をする可能性はある（Hanna & Robinson 1994）。現状への抵抗と政治的には、公的に集約された個人的価値観と利益に基づいている（Hanna & Robinson 1994）。

　変革モデルは、民主主義の原則を厳格に遵守することを要求するモデルに基づいている（Hanna & Robinson 1994）。それは、個人指向の学習、個人間の結びつき、個人的な抑圧と社会的、構造的抑圧を結びつけること、グループ意識、意思決定、社会的行為に対する完全な集団的アプローチを強調している（Hanna & Robinson 1994）。このモデルでは、人々が自分が行動することによって何を得るか、あるいは、影響を与えるための条件を認識していない限り、自分のために行動できないと考えられている。したがって、学習は社会行動のために意識を高めるプロセスと考えられているのである。

　チェコウェイ（1995）は、コミュニティの変化に関する6つの異なる戦略を「大衆の動員」、「ソーシャル・アクション」、「市民参加」、「パブリック・アドボカシー」、「教育」、「ローカルサービスの開発」としている（Checkoway 1995）。

　大衆の動員は、多数の人々を組織し、集団化することによって変化をもたら

すことを目指している。このためには、何を問題として取り上げるかが重要である。多数の人々に訴える問題を選択しなければならない。この点は、アリンスキーが生活に身近な問題、たとえば「学校での差別的な状況」や「商店における量り売りの量のごまかしへの反対運動」などを取り上げた戦略と一致する（Alinsky 1946）。

　ソーシャル・アクションの目標は、人々の生活を向上させ、自らの力を認識させ、地域社会の既存の権力関係を変えるために、コミュニティレベルで強力な組織を構築することである。Rothman によって定義された社会行動モデルと、ハンナとロビンソンによって示された直接行動モデルとの考え方の間には共通性がある。

　教育は、抑圧されている人々の人間としての重要性に関する批判的意識を高めることによって変化を創造することを目指している。現実の世界を変革するためには、問題に直面する人々の意識のレベルを上げる必要がある。フレイレは、ブラジルの不法滞在住民の識字教育においてこの方法を用いた。少人数のグループを集め、日常生活を支配するテーマを説明し、グループで検討する問題としてこれらのテーマを話し合い、対話をし、そこでの重要な問題を選択して、その問題に対処する計画を策定した（里見 2010, Freire 1973, 1993）。このモデルの方法論は、人々の意識を社会の変革に合致した状態に変化させていくことである。そして、個人が抱えている課題や地域の課題を共有し集団的に意識化させていくというプロセスを踏んでいる。

　地域におけるサービス開発は、人々がコミュニティレベルで独自のサービスを提供するプロセスと事業である。コミュニティの問題には地域の解決策があり、住民は自助のために地域コミュニティにおいて何らかの行動をとることを求められる。このアプローチは、メンバーが必要とするサービスを開発することによって、個人だけでなくコミュニティ自体をも強化する方法であるといえる。この方法は、コミュニティの内部において、孤立を減らし、相互の関係性を増やすことによって、参加者に心理的、社会的利益をもたらすことができる。そして、そのサービスは、資金の獲得によって給与のある仕事として確立することが可能である。コミュニティの課題を解決するために事業化し、結果的に雇用が生まれているという実践は、人口減少によって、商業主義的な市場が成

立しなくなった地域においてしばしば見ることができる。

　　※３章の一部は、「ディスエンパワメントからの回復に関する研究」（仁科　2019）の一部を修正加筆した。

4章　アリンスキーのコミュニティ・オーガナイジング

4.1　コミュニティ・オーガニゼーションの父アリンスキー

　シカゴで最もよく知られているコミュニティ・オーガナイザーはソウル・アリンスキーである。ソウル・アリンスキーは、コミュニティ・オーガニゼーションの父と呼ばれながら日本の社会福祉学の中ではほとんど紹介されてこなかった。アメリカにおいては、アリンスキーの実践は、ソーシャルワークにおけるコミュニティ・オーガニゼーションと異なるものと主張していたため、互いにパラレルな関係を保ってきた。アリンスキーは、しばしばソーシャルワークを敵視するような発言を繰り返してきた。しかし、今日、シカゴにおいて活動するコミュニティ・オーガナイザーのうち、アリンスキーを評価し、その手法を継承しているものは多い。また、全米ソーシャルワーク協会においては、アリンスキーの功績を再評価している。

　日本において、アリンスキーは、1970年代に都市計画分野において紹介されている。当時、ウッドローンにおける開発反対運動が大々的に報道され、トップダウンの開発に対するアンチテーゼとしての市民参加型の再開発のあり方をどう考えるかが議論の焦点となっていた(Spigel 1975)。アリンスキーは、コミュニティ・オーガニゼーションのカリスマ的な指導者ではあったが、コミュニティ・オーガニゼーションをソーシャルワークの一部であるとは捉えていなかった。本章においては、約90年間にわたって発展してきているコミュニティ・オーガニゼーション理論とアリンスキー実践について書かれた論文、書籍などの検証を行い、実例として後半でウッドローンを取り上げながら、コミュニティ組織の変質していく状況について論考する。

4.2 これまでのアリンスキー研究

アリンスキーの回顧録は、ホウィット、ホフマンによって著されているが、両者は、伝記的な要素によって占められており、アリンスキーのコミュニティ・オーガニゼーション論に専門的に言及したものではない。

ソーシャルワークの観点からの評価を見ると、コミュニティ・オーガニゼーションを研究する立場の第一人者とも言うべき論者であるロバート・フィッシャーは、アリンスキーについては、批判的な立場をとっている（Fisher 1994）。

アリンスキー自身の著作はその活躍に比して多くはなく、Reveille for Radicals（1946）、Rules for Radicals: A Pragmatic Primer for Realistic Radicals（1971）がある。日本に紹介されたものとしては、ハンス・スピーゲルの編集した書籍を当時横浜市の企画調整局長であった田村明が翻訳した『市民参加と都市開発』の中に、アリンスキーの1946年の著作である Reveille for Radicals が「生え抜きの指導性」という題名で和文にて掲載されている。スピーゲルの著書の内容は、主には都市再生における市民参加について言及された論文が集約されており、ウッドローンにおける地域組織化運動ののち、シカゴ市とシカゴ大学が実施しようとした都市計画への抵抗運動の中心人物としてアリンスキーが注目されていた（Spiegel 1968）。

また、最近、アメリカ政治学を専門とする石神が「アメリカにおけるコミュニティの組織化運動　アリンスキーの思想と実践（1）〜（4）」を著し、理論的、思想的側面に接近している[7]。社会事業史及び社会福祉史を専門とする立場からは、渡邊かおりが、「アリンスキーによる地域組織化活動　ソーシャルワークにおけるその評価の変遷」を著している（渡邊 2010）。渡邊によると、アリンスキーによる地域組織化活動は、1930年代シカゴのバック・オブ・ザ・ヤード地区において始まったが、そのリーダーシップの強さから、「貧困との戦い」において多数起用されたソーシャル・ワーカーたちが地域における指導性を奪

---

[7]　石神圭子「アメリカにおけるコミュニティの組織化運動（1）〜（4）」,『北大法学論集』65（1）p.26-48、65（3）p.43-111、65（4）p.49-115、65（6）p.44-77

われることを懸念して批判したことがソーシャルワークにおけるアリンスキー批判につながったとしている（渡邊 2010）。1960年代にジャック・ロスマンが、コミュニティ・オーガニゼーションの3つのモデルとして「地域開発」、「社会計画」、「ソーシャル・アクション」を提唱し、アリンスキーの地域組織化を「ソーシャル・アクション」モデルとして組み込み、ソーシャルワークとして再評価した（Rothman J. E. 1995）。しかし、アリンスキー自身は、一貫してソーシャル・ワーカーに敵対し、ソーシャルワークを批判する立場を変えなかった。

スピーゲルの編集した『市民参加と都市計画』においては、1960年代のウッドローンについて、アリンスキー自身が著した「生え抜きの指導者（Reveille for Radical）」では、コミュニティ・オーガニゼーションにおける指導者は、地域の生え抜きの指導者でなければならないという一文が掲載されている。また、ローズによるソウル・アリンスキー論においては、ウッドローン・オーガニゼーション（The Woodlawn Organization, 以降TWOと省略する）についての記述があるが、1961年に2,000人のウッドローンの住民がバスを連ねてシカゴ市役所の投票の登録に行き、その後TWOが後援した市議会議員が、民主党の後援した候補を破ったという結果が書かれている（Rose 1964）。そして、ローズは、アリンスキーについて、無作法であることが最大の罪であり、その無作法を政策のレベルにまで引き上げていると述べている一方で、中間所得者層の地域において市民参加が行われるのは当然であるが、これまでウッドローンの人々が発言権を持たなかったからこそ、そこにアリンスキーが介入したのであると論じている（Rose 1964）。

4.3 アリンスキー戦略とは何か

住民のリーダーシップと主体形成を重視した考え方が伝統的なソーシャルワークにおけるコミュニティ・オーガニゼーションとは異なる分野から、アリンスキーは現れた。

ソウル・アリンスキーは1909年にシカゴに生まれ、シカゴ大学で学んだが、卒業したときにはアメリカ社会は大恐慌に見舞われていた。アリンスキーは、ロバート・パークやE.W. バージェスといったシカゴ社会学派の創始者ととも

に学び、卒業後、青少年問題に造詣が深かったクリフォード・ショウの元でギャングや非行少年にかかわるフィールドワークを行った（Horwitt 1989）。当時の移民たちは、困ったことが起これば、公共機関ではなく、地域の移民仲間のボスに相談し、解決してもらうのが常だった。1930年代には当時東欧から移民し、食肉産業に従事する労働者たちが暮らす地域であったバック・オブ・ザ・ヤード・コミュニティ（Back of the Yard Neighborhood Council, 以降BYNCと省略）において、地域組織化に携わった。バック・オブ・ザ・ヤードでアリンスキーは、カソリック教会を一軒一軒回って、信者と教会を引き込む形でパリッシュの人々を組織化していった（Silberman 1964）。

　アリンスキーは、ショウに影響され、コミュニティ・オーガニゼーションは、地域の住民のエンパワメントによって構築されるべきであると信じていた（Horwitt 1989）。ショウとアリンスキーには、セツルメントハウス方式のように、専門家としてのソーシャル・ワーカーや外部の人々によるコミュニティ・オーガニゼーションより、人々が自らの問題を解決していく自助的なアプローチを好んでいた（Horwitt 1989）。

　アリンスキーはまた、工業組織化委員会のジョン・ルイスの強いリーダーシップに尊敬の念を抱いていた（Sanders M. K. 1970）。また、メディア戦略の一つとして、行政や大企業など大きな権力や著名な相手に対して戦いを挑み、新聞の紙面を賑わせる戦略を好んだ（Sanders M. K. 1970）。これと同時に、教会との関係を利用した戦略もアリンスキーの得意とするところであった(Sanders M. K. 1970)。

　アリンスキーは、本書で紹介するウッドローンがシカゴ大学の開発の危機に曝されたときに、オーガナイザーとして呼ばれて地域組織化を実践した。これについては後の章で記述するが、アリンスキーは、以来シカゴのコミュニティオーガナイザーたちに大きな影響を与えている。

第Ⅱ部
3つのコミュニティ・エリアの
プラクティスから

5章　人口減少、地域の荒廃と闘うイングルウッド

　イングルウッドは、2011年のグロウイング・ホームの誘致、2016年のホール・フーズ・ストア誘致以降、弾みがついたように次々と取り組みを実現させてきている。シカゴ市全体の犯罪率は、1990年代から一貫して低下していたが2015年に急増している。2016年以降第2期エマニュエル市政においては、地域の安全の確保を重点課題とし、警察官の訓練を重視した政策を展開していくとしている。第7管区（イングルウッド）には、イングルウッドを良く知るジョンソン署長を配置し、警察と教会、地域組織、地域住民との関係性を構築する取り組みが行われることによって警察官が監督を務める6つの少年野球チームが生まれている。また、2013年には、イングルウッドに人々の集まれる場として非営利組織が運営するカフェが開設された。

　人口減少、犯罪多発、貧困などの発生によって、市場からの投資が行われな

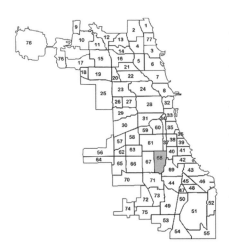

図-7　イングルウッドの位置

表-2　イングルウッドデータ

人口	26,121
世帯数	9,103
人口減少割合 (2000～2010) ＜シカゴ市全体＞	-23.8% ＜-6.9%＞
人種	アフリカ系 95%
年収中央値	$19,854
年収$25,000以下	58.4%
失業率 2015 ＜シカゴ市全体＞	36.0% ＜12.1%＞

資料：US Census, 2015American Comminity Survey.

い地域の中で、多くの非営利組織が活動している。

5.1 貧困線以下の世帯が約半数のイングルウッド

　イングルウッドは、20世紀初頭から半ばごろまでは、シカゴ随一の商業地域としてデパートや映画館が立ち並ぶ賑やかな地域であった。シカゴの都心部から車で約20分、電車ならば15分で到着する比較的利便性の高い地域であるにもかかわらず、2014年8月、地域の再生事業を行うために組織化されたチームワーク・イングルウッドのオフィスの窓から見える地域一帯は、荒廃し、荒地が広がっている。かつては、シカゴ第二の商業地であった面影は跡形もない。

　イングルウッドの人口は、1950年代には10万人に達し、その後減少に転じ現在、2万6千人ほどになっている。1960年代には、人種が入れ替わり地域住民の約30％が白人になり、1990年ごろには、99％の住民がアフリカ系アメリカ人に転じ、現在では、人口の約97％がアフリカ系で占められる。

　2010年の世帯数は、9,103世帯であるが、このうち住宅を所有している持ち家世帯は、約35％である。地域の収入の中央値は、200万円、失業率は36.0％となっており、貧困線以下の世帯は、全世帯の約49.8％である（USセンサス2010）。シカゴ市の中でも、貧しい地域に位置すると考えられる。

　19世紀末から20世紀初頭にかけての食肉産業の雇用構造が人種間の隔離を拡大した。当時、シカゴのダウンタウンの南側に立地した食肉産業工場では、東欧からの移民が多く働いていたが、20世紀に入ると、待遇の改善などを求めてストライキが起こるようになった。そこで経営者はアフリカ系アメリカ人を鉄道で運び込み代わりに労働者とした。おりしも、1910年代は、害虫の被害により南部の農業が大きな被害を受けていたため南部の労働者は職を探していた。彼らは、組合やストライキの意味さえ分からないまま職に就くようになった。そして工場の近隣に彼らの住む町、ゲットーが形成されていったのである（竹中　1995）。工場労働者は、ほとんどが移民か南部から運ばれてきたアフリカ系アメリカ人であり、彼らは文化を共有する者同士で次第に同じ地域に居住するようになり食肉工場のある地域を中心に移民たちの町が形成されていった。これによってゲットーが形成されていくが、イングルウッドはその範囲には含

まれていなかった。そして、竹中の指摘によるとその頃シカゴで勢いのあった不動産業者の何社かが人種間の感情や心理を利用して、よりよい環境を求める白人たちに郊外居住を勧めた（竹中 1995）。その上、当時郊外開発が進んだことや、マイノリティグループの中の中産階級がより環境のよい地域を求めて移動することを望んでいたため、白人地域に不動産を紹介するいくつかの業者が現れた（竹中 1995）。業者は、白人にはマイノリティグループの地域への流入を理由に住宅を安く買いたいて、郊外に新しく開発された地域を高く販売した（竹中 1995）。そして、これを経済的に余裕のあるアフリカ系アメリカ人に対して、高く転売したのである（竹中 1995）。このようにインナーシティから白人たちが郊外の環境の良好な地区を求めて移転する現象は、ホワイト・フライトと呼ばれている。イングルウッドも典型的なホワイト・フライト地域のひとつだった。

図-8　イングルウッド中心付近
資料：googlemap より。

5.2 人口減少の現実　歴史ある町から荒廃へ

5.2.1 歴史ある街イングルウッド

　現在のイングルウッドは、63 通り沿いを車で走っていくと広々とした空き地ばかりが広がっており、到底そこにシカゴ第二の商業地域が広がっていたとは想像もつかない。2014 年現在、63 通りと Halsted の通り付近には草原が広がっている。後にホール・フーズ・ストアが誘致される大規模空き地である。

　イングルウッドは、1850 年代までは、森と沼地の広がる地域だったが、1852 年に鉄道が通ってから開発が進むようになった。最初にやってきたのは鉄道整備やユニオンストックヤードといわれる肉加工業の工場で働くドイツとアイルランドからの移民だった。イングルウッドの地名が使われるようになったのは、1868 年のことである。また同時期に、クックカウンティの教員養成のための学校が建設されて住宅開発が進められ、1870 年にはイングルウッド高校が設置された。1920 年代には、毎日列車の便が運行されるようになっていた。

　20 世紀にはいるとイングルウッドは、主にストックヤードで働く移民たちが暮らす労働者階級の町として発展していった。当時、ユニオンストックヤードといわれる地域は、シカゴ周辺の牧場から毎日次々と送られてくる家畜の屠殺、解体を行う大規模な工場になっていたが、過酷な労働条件にたびたび労働争議が起こっていた（仁科 2013）。工場主たちは、ストライキが起こると鉄道で南部から一夜にしてつれてきたアフリカ系アメリカ人をスト破りとして働かせた（竹中 1995）。連れてこられた人々はストが何たるかも知らないままに働き、これによってもともとの労働者であったアイルランド人や東欧からの移民たちと南部から来たアフリカ系アメリカ人たちの間に摩擦が生じるようになっていったのである。当時、ストックヤードで働くアフリカ系アメリカン人はストックヤードの近隣に集まって暮らすようになり、ブラック・ベルトが形成されていった（竹中 1995）。

　19 世紀には、イングルウッドはシカゴの中心市街地から見ると郊外として位置づけられ、特にシカゴの大火後、過密で環境が悪く、危険な中心市街地か

ら郊外住宅地へと人々は移住したため、郊外人口は膨らんでいった。

シカゴの人口は、移民の流入と南部からの人口移動によって1950年代まで増加し続ける。イングルウッドに安価な集合住宅が建設され始めると、特に、ストックヤードの食肉産業の工場で働くために利便性の高い立地にあったため、たちまち移民の町へと変容していった。まずは、食肉産業の工場で働くポーランド人たちが増加し、予てからの住人であった中産階級は、より郊外へと居を移していった（Hill 1988）。

19世紀末ごろから1980年代ごろまでは63通りのショッピングセンターは大勢の買い物客でにぎわっていた。1900年代になると、Halstedと63通りの交差点を中心として、ビジネス地域の中心として位置づけられた。まずこの地域にKresge'sという全米で最も大きなショッピングセンターのひとつが参入してきた（Sullivan 1924）。Kresge'sは現在ではKマートと呼ばれるチェーンストアとして展開されている。1920年代には、この建物の二階に中華料理店が

写真-1　1936年の63通り
出典："Chicago's Englewood Neighborhood at the Junction".

入っていた（Sullivan 1924）。そして、この角はシカゴで最も収益の高い場所といわれたのである。同じ交差点の北西の角の建物にはSchlitzという飲料会社が入っていたが、後にBecker-Ryanによってデパートが整備された（Sullivan 1924）。

　63通りには、リンデンシアターとシカゴ・シティ・バンク、Weiboldt'sのデパートがあった（Sullivan 1924）。イングルウッド・ビジネスマン協会（The Englwood Business Men's Association）は、歩道にバナナを並べて存在をアピールし、商業地域としての63通りの賑わいに貢献したという（Sullivan 1924）。

　この通りの西701番地には、1919年に建てられたスタンフォードシアターがあり、約2,500人の聴衆を収容する大きさがあったといわれている（Sullivan 1924）。車が登場し、シカゴの交通は劇的に変化していたにもかかわらず、1919年ごろにはまだシアターの外に馬をつなぐ場所があった（Sullivan 1924）。当時、人々はまだ馬車を使っていたのである。

　写真-1は、63通りを西側に向かって撮影されたものであるが、1935年Beker-Ryanが所有する土地を買って シアーズが建設された（Sullivan 1924）。大恐慌の真っ只中に建設されたのにもかかわらず、ブロック全体を占めるこの大きなデパートは商業的成功を収めたという（Sullivan 1924）。この建物は、全米初の売り場に窓のない構造であり、また、空気調整設備を備えていた（Sullivan 1924）。

　現在50代半ばの住人は、子どもの頃に父親から言いつかって、シアーズにお使いに行ったことを覚えている。シアーズは、アフリカ系アメリカ人が掛売りで物を購入できる唯一の店であった。このため、商売をしていたGの父はこのデパートを利用していたという（インタビュー調査より）。

　また、他の住人は、1960年代の63通りを記憶している。そこは、今のダウンタウンのようにきちんとした服装をして、居住まいを正してやってくる場所だった。シアーズに行って買い物するのは楽しかった。また、ある人は、この通りの薬局で仕事をしていて夫と出会っている。結婚指輪を買ったのは、63通りにあったノーマンズという貴金属店だった。人々に、63通りの思い出をきくと、70年代ごろまでは、賑わいと気品のある通りで、人々はプライドをもっていたという話が何度も繰り返された。しかし、シアーズは1976年に閉鎖した。

写真-2　63通り 2015年夏 （815 W. 63rd Street より仁科撮影）

5.2.2　人口が減ることの現実

　イングルウッドは、1930年代には、約9万人の人口をかかえるようになった。1940年代には、イングルウッド地域におけるアフリカ系アメリカ人の人口は、まだ2%であったが、1950年代には10%を超た。1968年公正住宅法が成立し、住宅の取得における差別が禁止されると地域におけるアフリカ系アメリカ人の比率は一気に高まって69%となった（U.S. Census）。イングルウッドに移り住んだアフリカ系アメリカ人は、よい環境を求めてやってきた裕福な人々であった。ドイツ系、ポーランド系の人々が郊外に移住した後の邸宅を買うことができたアフリカ系アメリカ人は中産階級で、いわばビジネス等で成功した人々であった。

　1950年代までの住人は、外国で生まれた移民たちがほとんどだったが、1960年代には移民の流入が停滞している。この年代には、地域の業務機能が転換し、大規模工場や食肉工場等が更に郊外へ転出し、英語を話さない、スキルのない外国人や、ブルーカラーの人々の働く場が急速に失われていったことを反映している。それによって、ブルーカラー層の多かったシカゴ南部地域で失業者の数が急増していくことになった（Wilson 1987）。

　人口が減少することによって、シカゴ第二の商業地として栄えた63通りは

54 第Ⅱ部 3つのコミュニティ・エリアのプラクティスから

写真-3 空地ばかりとなったイングルウッドの住宅地 (仁科撮影)

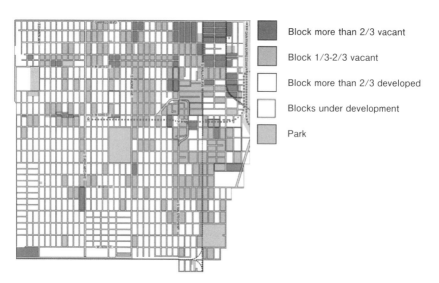

図-9 イングルウッド内の空き地を示す図
出典：クオリティ・オブ・ライフプラン
＊2005年の空き地の状況を示す

写真-4　市庁舎分室として使われていた建物 (仁科撮影)

　徐々に空き地と廃屋が増え、草が生え野原となった。2015年現在イングルウッド全体で700エーカー（2.83平方キロメートル）の空き地が存在する。1950年代までの憧れの住宅地は跡形もなく、7割の人口が流出し、野原にぽつんぽつんと住宅が残存するような街区も見られる状態である。空き地のほとんどは放置され税金も支払われなくなっており、現在シカゴ市は住民やイングルウッドの住人かイングルウッドで非営利活動を行っている事業者に対して対して1ドルでこれらの土地を販売している。

　815 W. 63rd Street Chicago, IL 606 21、63通りに立地する建物は、現在、1階が銀行として使用されているが上階は、コミュニティ・オーガニゼーションなどに賃貸され、2以上のコミュニティ・オーガニゼーションが入居している。建物の内部はアールデコの装飾がなされ、建設当初は費用のかかったものであったと見受けられる。銀行が入っている1階部分には以前も銀行が入居しており、1900年初頭にも既に銀行の建物であったとの記述が"Chicago's Englewood Neighborhood"にみられる（Sullivan 1924）。かつては、171の商業施設やオフィスが並んでいた通りに残っている建物は少なく、この建物の隣は近年、公園として整備された。

　写真-4の建物は、20世紀初頭にはフリーメイソンの集会施設として建設され、1970年代から80年代にかけては図書館か学校として使われていた。イン

写真-5　イェール・アパートメント（仁科撮影）

グルウッドの人口減少や治安の悪化とともに、行政もこの地域を捨てて出て行った。鉄道の駅に近く、ホール・フーズ・ストアの建設予定地（2018年3月には既に完成）に近い利便性の高い場所に立地しているが、建物自体は長い年月空き家のまま放置され、草木が建物を突き破って成長し、修復不可能な廃屋となっている（写真-4）。

　写真-5の、ザ・イェール（The Yale）と呼ばれる建物は、1892年、建築家ジョン・ロングによってアパートとして建設された。当時は、ホワイトカラーの中産階級用の住居として建設され、イェール・アベニュー（Yale Avenue）のランドマークとなっている。シカゴのロマン派建築の代表作のひとつとも言われており、屋上にはガラス張りのダウンライトが設置されているといわれている。内部は、1～2ベッドルームのアパートとして賃貸されているが、ペントハウスには、特別に屋上に上がれる螺旋階段があるという。1997年にはナショナル・リステッド・ビルディングとして登録され、2003年には、シカゴ・ランドマークとしても登録された。この建物は、町のコミュニティ・オーガナイザーたちが企画する「まち歩き」の見所のひとつであり、人々はこの建物を誇りに思っ

ている。1870年代には鉄道が西に開通していったことによって、Halstedより西側には労働者階級の住宅が建設されてゆき、ザ・イェールのあるあたりはホワイトカラー層の住む瀟洒な家々が立ち並んでいたという。地域には、このような重要な建築物も残っており、空き地で風になびく草を見る限りは、63通りがかつてそれほど活気のあった通りとはにわかに信じがたいが、リステッド・ビルディングの存在から当時の豊かさが偲ばれる。

5.3 住民が語る63通りの思い出

地域のコミュニティ・オーガニゼーションであるチームワーク・イングルウッドの協力を得て地域の住民10人にインタビュー調査を実施した。インタビューの内容は、1）63通りに関する思い出、2）63通りが荒れてきたなと思ったのはいつか2点のみとして、語られた物語に関しては逐語化して記述した。インタビューは英語で行い、英語で応じたものを年代別に分類し、日本語訳を行った。住民の証言から、資料を補足しながら、地域衰退の実態と要因を見てみよう。

5.3.1 1960〜70年代
(1) イングルウッドの再開発を目指して戻ってきたE氏の話

私は、イングルウッドのイェールストリートにある大きな邸宅で生まれた。この通りは建設当初は瀟洒な建物が立ち並んだことで、新聞に掲載されたこともある。この邸宅は、1950年代に祖父が購入したものだ。この時期にイングルウッドに土地や住宅を購入できたのは相当に裕福なアフリカ系アメリカ人であった。私は、大学に行って地域を離れたが、務めていた大手コンピューターメーカーを早期退職し、イングルウッド地域の再開発を志し、子どもや妻とともに地域に戻ってきた。目標は、父の時代の街並みや暮らしを再生しようということである。

2014年には、Community Development Cooporation（以降CDCと省略）を立ち上げて、活動を開始したばかりである。活動の目的は、シカゴ市の中でも最も犯罪の多い地域であるイングルウッドにかつての賑わいと気品を取り戻したい

58　第Ⅱ部　3つのコミュニティ・エリアのプラクティスから

写真-6　ビクトリア朝の一戸建て　E氏の邸宅 (仁科撮影)

ということだ。

　父がイングルウッドにやってきたのは、1958年だ。両親が結婚し、イングルウッドにすばらしい邸宅を購入した。父は、自分のビジネスを持っており、比較的裕福だった。

　19世紀に建てられたE氏の自宅は、ポーチと塔が特徴的なビクトリア朝風の建物でHarvard通りに立地している。かつてはHarvard通りとYale通りには、豪華な住宅が立ち並び、どちらの町並みがすばらしいかを競っていた。19世紀には当時の新聞に "Yale or Harvard" と題する記事が掲載されたほどである。

　住宅の内部は、ほぼ当時のディテールを残しており、貴重な建物である。メイプルウッドの階段や室内のパネル等、当家は多くのオリジナルなしつらえを残しており、建設同時ヨーロッパから運んできたといわれる暖炉も美しい形状をとどめている。

　この家に幼い息子と妻とともに戻ってきて、家の周囲にフェンスをめぐらせた。そうしなければ危険な地域でもある。しかし、このフェンスをめぐらせるときには、もともとのオリジナルなデザインや住宅の年代等にあっているかどうか、デザインに気を使っている。門扉は、オリジナルな門扉と同様なものを見つけて使用している。

私が生まれたのは、1960年代前半で、記憶の中では63通りがにぎわっており、シアーズのデパートを中心に通りに様々な店が並んでいた。アフリカ系アメリカ人が掛売りで品物を買える唯一の店だったシアーズにお使いに行ったことを記憶している。E氏の記憶では、その当時は、シカゴ南部地域に暮らす人々は皆63通りに買い物に来ていたものだ。鉄道が走り、通りには路面電車が通り、行き交う人々で混雑していた。

　1980年代になるとエバグリーンプラザ等、他のショッピングモールへと客足が流れた。エバグリーンプラザは、アメリカの本格的ショッピングモールのさきがけであり、1952年から開業していた。80年代には、生活のレベルが上がり誰もが車を持つようになり、かつ、公民権運動によって平等と権利を勝ち取ったアフリカ系アメリカ人たちがどこにでも買い物に行くようになったのだ。子どもの頃には、近所に白人地域があって、その道路より西側へは行かないように親から言われていたことを覚えている。

　私の記憶では、1970年代半ばから1990年代にかけて、イングルウッドはギャングの活動が活発になり、このことが治安を悪くしていった。1970年代後半から次第に大型店舗は撤退し、小さな店はオーナーが変わって、90年代には韓国人やインド人が店舗を構える通りにすっかり変わっていった。

(2) アフリカ系アメリカ人医師K氏の話

　K氏は、1955年生まれのアフリカ系アメリカ人の医師である。彼の記憶に残る最初の住居は、両親と兄とともに暮らしたワシントンパークにある2ベッドルームのアパートだった。父は、海軍の水兵で、真珠湾攻撃で生き残った。

　父は、除隊してからは、新聞の印字を組む技術者として働き家族を養った。幼い頃、父が車を運転して兄と自分が後ろに乗っていたことや、父と母がレコードをかけてダンスをしていたことを覚えている。二人は、ダンスをきっかけに知り合い、二人とも音楽やダンスが好きだった。

　下に妹が生まれたが、幼くして病気で亡くなった。このことをきっかけに両親は離婚し、母と兄と3人の暮らしが始まった。1964年には、母が再婚して継父の家に引っ越した。そこがイングルウッドだった。小学校の4年生のとき

のことである。

　記憶に残るイングルウッドの 63 通りはにぎやかだった。今のイングルウッドの 63 通りとは全く違う。よく行った店では、Schulze というパン屋を覚えている。駅の近くには、ハックフィンというドーナツ屋があった。ハックフィンは、ガラス張りになっており、大きな鍋にたっぷりと油が入っていて、ドーナツをつくるところが見えた。子どもたちは、腹をすかせてドーナツができるところを外から眺めた。少し成長した少年たちは、飲み物を頼んで店の中にいた。そこは、女の子が通るのを眺めたり、友達が来るのを待ったり、仲間と過ごす場所だった。

　63 通りとホステッド通りの角にデパートのシアーズがあったのを覚えている。当時アフリカ系アメリカ人の女性がクレジットカードを持っていることは稀だった。しかし、母はクレジットカードを持って買い物をしていた。

　イングルウッドには、進学校として知られているアーバンプレップスクール（大学への進学を目指したレベルの高い学校）のイングルウッド校があり、遠くから通う人もいた。また、コミュニティカレッジ、キングスカレッジもあり、教育環境もよかったといえる。キングスカレッジは公立の短大として大学への登竜門ともなっており、経済的に豊かではないが、進学したいという若者のための登竜門だった。

　自分は母親の意向で私立の学校に行った。そのことはとてもよかったと思う。1970 年代初頭には、イングルウッドは、アフリカ系アメリカ人が中心の地域になっていたが、のちにイングルウッドがここまで荒れ果てるとは、そのころはだれも想像していなかった。

　サウスサイド・メソニック・テンプル（写真-4）は、1960 年代には、シカゴ市の所有になっていた。しかしその後、シカゴ市役所すら、イングルウッドを出て行ったことで、ますますサウスサイドには仕事がなくなって、失業者が増えた。1967 年にはシカゴ市営の地下鉄が南に延長され便利になった。しかし、その先には、この地域に多いブルーカラーの男性が働ける工場は少なかった。

　1950 年代後半からインテグレーションが始まり、白人地域にアフリカ系アメリカ人が移住するようになったが、それより以前、つまり 40 年代に白人地域に移り住んだのは、裕福な人々だった。不動産業者は、黒人が入ってくると

地価が下がると扇動し、白人たちは、急いで郊外の住宅地へと転出していった。そして、黒人たちには、治安のよい、教育環境のよい地域に移るには金がかかると宣伝し、高い金額で白人地域の家を買わせた。そして、徐々に人種の入れ替わりが生じていった。しかし、私が覚えている70年代にはまだ、大通りにデパート等の商業施設、オフィス、店舗があり、薬局や飲食店や商店が並んでいて、いろいろな階層の人々が働く場所があった。

1973年、高校を卒業する年に、母のつれあい、つまり義理の父が亡くなり、イングルウッドから引っ越した。このため、イングルウッドが今に至った状況を見ることはなかった。

(3) 63通りのドラッグストアで働いていたF氏の話

F氏は、もともと公営住宅に住んでいたが、それが取り壊しになって[8] 1990年代にイングルウッドに移り住んできた。イングルウッドは、賃貸住宅が多く治安が悪いため家賃が安い。私は、勤労者階級の主婦で若い頃は63通りにあったチェーンのドラッグストアで働いていた。

記憶に残る63通りは、当時のシカゴの中心だったループのように誰もがきちんとした服装で買い物したり、シカゴシティバンク（銀行、今のＵＳバンク）に用を足すために出かけるところだった。銀行には、貸金庫があって、私はこれを利用していたので、よく銀行に行ったものだった。

60年代末から70年代の63通りには、ウォールグリーン、今はKマートと呼ばれるKresge、ヒルマンズ（Hillmans）、シアーズなどがあった。カーズ（CARR's）映画館にも、買い物ができるデパートがあった。

1960年代ごろ、両親が子どもを置いて夜出かけるときには、二人は63通りに来ていた。お土産にホワイトキャッスルのハンバーガーを買ってきてくれるのがとても楽しみだった。子どもは早く寝るように言われて、布団に入っているのだけれど、ホワイトキャッスルのハンバーガーの匂いが漂ってくるともう

---

8) 1990年代からシカゴ市は、治安が悪化した公営住宅を一掃し、ミクスト・ディベロップメントを進めてきた。公営住宅に暮らしていた人々は、支払い可能な家賃の賃貸住宅を求めて、サウスサイドにやってきた。

我慢できずに起きだしてそれをもらうのがとても楽しみだったことを覚えている。

　70年代の63通りには、仕立て屋やお針子、歯科医などプロフェッショナルな人たちもたくさん住んでいた。そのころには、まだ危険だとは思ったことが無かった。ハックフィンドーナツが駅のそばにあり、大きな窓からドーナツがあがるのを眺めることができた。ＣＴＡの駅のすぐそばだったので、電車を下りるとハックフィンのドーナツのにおいがしたものだった。

　私は、この通りにある薬局で働いているときに、いつも乗るバスのドライバーと恋に落ちて結婚した。1974年のことだった。結婚指輪は、63通りのノーマンズ宝石店で買った。そして、子どもが生まれて二人で育てて、あっという間で時が過ぎていった。この通りには、思い出がたくさん詰まっている。夫が61歳で病死するまでずっとウェントワース（Wentworth Gardens）の公営住宅に暮らした。夫は、バスのドライバーとしてこの通りを毎日通り、私は子どもを育て、バスで63通りに通った。

　公営住宅が建替えられることになって、イングルウッドに移ってきた。よく、公営住宅から来た人は庭がなかったから住宅の管理ができないといわれたりするが、自分はバルコニーでも花を育てていたし、今も芝生の手入れや草木の手入れはきちんとしている。

　1980年代に、63通りが歩行者天国になった。そして、車が通れなくなってしまった。駐車場は遠く、買い物をして歩いていくのが大変だったし、前のようにバスにも乗れなくなってしまった。そして、この歩行者天国にギャングたちが歩き回るようになって、すっかり治安が悪くなってしまった。63通りがすさんできたのは80年代だと思う。

　80年代に、母がなくなった日にもこの通りを歩いていた。母が亡くなった悲しい思いを抱えて、この通りを足早に歩いたことを覚えている。店はいつもどおり開き、人々はいつもどおり買い物をし、笑っているのに、母はもうこの世にいないのだと、泣きながら通りを歩いた。あんな悲しい、辛い思い出は、ただ一度だけだ。63通りは私の人生の中の様々な思い出と重なっている。

(4) 地域のまちづくりの女性リーダー I 氏の話

　I 氏は、60代女性で、Greater Englwood Development Coorporation（以降GEDCと省略）の設立者の一人である。

　私は、この地域に愛着がある。私の祖父がこの地域に初めて家を買った。彼は退役軍人で、起業家だった。そして、祖父母の家は、私にとって、安心して過ごせる場所だった。1970年代、私は彼らとイングルウッドに暮らすようになった。63通りはお小遣いをもらうとすぐに買い物に出かける通りだった。子どもの頃には、親も自分も危ない等と思ったことはなかった。63通りに行けば何でも手に入ったから、ダウンタウンに行く必要はなかった。私の祖母が昔話してくれた思い出では、映画館の池に白鳥が泳いでいたということだ。63通りは、昔はちょっとしゃれた通りだった。祖父は自営業で、チープ・チャーリーという日用品と食料品を売る店を営業していた。その店は69通りとアーミテージの角にあった。

　2009年、コミュニティ・オーガナイジングに参加した。すると、地域の多くの人々が参加するようになった。私は、イングルウッドの中に3つの住宅資産を保有している。私は、イングルウッドにコミュニティの中の価値を見出そうとしている。

　私が初めてイングルウッドに住宅を購入したとき、ギャングのテリトリーには気をつけた。ここの住人ならば誰でも、どこが危ないか、ギャングがいる通りかどうかを知っている。私は、このコミュニティが好きだし、このコミュニティの歴史が好きだ。しかし、地域には投資が少なすぎる。私は自分のブロック内に賃貸住宅を購入した。そうすれば、自分が地域をコントロールすることができるからだ。他の誰かが買わないように、自分たちで買い取っていくほうが地域の管理がしやすい。

　現在のイングルウッドの持ち家層は30％程度に過ぎない。20年前はもっと多かった。多くの持ち家所有者は、ここを離れて遠くへ行ってしまった。ここの土地を買う人はほとんどが地域外に暮らしている。しかし、私にとっては、ここが唯一の私の家である。イングルウッドの地区内に今暮らしている家以外に3軒の住宅を所有している。テナントは大家がコントロールすることができ

るから、自分の住んでいる地域を安全で住み心地のよいものにしていくためには、土地を所有して自らがコントロールしなければならないと思っている。

　通りでの盗難や犯罪の話を耳にするようになったが、自分自身は一度も経験したことがない。コミュニティの中に犯罪や暴力はあるが、私の周りではそのような事件は起こったことがない。

　退職してボランティアをするようになってイングルウッドの住民の中でちょっとした顔ききになっている。昔はコミュニティの中のつながりはもっと強かったと感じる。現在イングルウッドの住民の多くは、最近になってイングルウッドに来た人たちである。昔は、コミュニティの中では人々はお互いのことをよく知っていた。イングルウッドでは、地元の店を大切にしなければならない。ローカルビジネスがあれば、地元の人が働ける。私は、イングルウッドは、荒廃しているとは考えていない。ただ投資が足りないだけなのだ。

(5)　地域で虐待された子どものためのボランティア活動をしているG氏の話

　G氏は、祖父母の代からイングルウッドの住民であった。若い頃は、ロサンジェルスでファッション・モデルをしていたこともあるが、現在は、郊外に暮らし、非営利団体を立ち上げて、イングルウッドやアーバングレシャムで子どもを支援する活動をしている。G氏の活動の目的は、虐待されたり、悲しい目にあったりする子どもたちに癒しや、活動の場を与えて、子どもたちが自尊心を育てられるように支援することである。

　私が、イングルウッドに暮らしていたのは、60～70年代のことだった。7人兄弟姉妹の大家族だったので、子どもたちは電車の軌道でよく遊んでいた。きょうだいはかくれんぼをして遊んでいた。63通りはショッピングのための通りだった。まるで今のダウンタウンのような感覚で出かけたものだった。子どもたちの間では遊び半分に万引きをするものがいたことを覚えている。子どもの頃は、よく63通りで遊んでいた。兄や姉たちと一緒にお菓子屋さんに行って、悪いと知らずにお菓子を握って出てきてしまったことを覚えている。そのくらい小さいころから、親ではなくきょうだいと遊んでいた。

　祖父母が若かった頃には、食べるのに困った人がいればうちにやってきて一

緒にご飯を食べたり、困りごとを抱えた人の相談にのったりして家の中には常に誰か来客があった。祖父母は、商売人で裕福だったので、いつも家に人が溢れていた。生活に困った人に食べ物を与え、仕事を紹介し、家には人の出入りが絶えることがなかった。

　イングルウッドは、村のようなコミュニティのある場所だった。誰もが顔を知っていて子どももたくさんいた。現在は、郊外の住宅地に夫と暮らしている。2001年に母が亡くなり、ついですぐに父も亡くなった。それで、あまりイングルウッドに来ることもなっくなった。

　しかし、イングルウッドを出て行った人に対して、今も地域に残っている人たちは複雑な思いを持っている。治安のいい地域に出て行けるほど裕福になったことに対するやっかみもある。また、もし、必要としていても、コミュニティの外へ出て行った人の援助は受けたくないという人もいる。昨年は、活動上の些細なトラブルのすぐ後に、自分の車が放火されるという事件を経験した。夫からは、もうそんな危険な地域に行くことはやめたらどうかと言われるが、自分は、自分が育った地域で、苦しんでいる子どもたちがいる以上、活動を続けて行きたい。

　子育てをするには、住民皆が子どもを見守っているような"村"が必要だと考えている。私が、子どもの頃には、"キャッチ・ア・ガール・キス・ア・ガール"という遊びをしたり、かくれんぼをしたり外で遊んだものだったが、今の子どもたちはダブルダッチの跳び方も知らないし、ロープのまわし方もわからない。子どもたちを外で遊ばせるような状況ではないからだ。現在、シカゴ市は、イングルウッドの住民やステイクホルダーに対して、1ドルで空き地を販売している。これを購入して子どもの遊び場を作ろうと考えているところだ。安全に遊べる場所を作るために、祖父母の家の隣の敷地を購入した。

5.3.2　1970〜80年代のイングルウッド
(1)　イングルウッド・ビジネスマンズ・アソシエイションの思い出を語るJ氏

　J氏は、1963年にイースト・イングルウッドで生まれた。現在、アーバングレシャムのサマープロジェクトで働いている。J氏は、イングルウッドで育ち、そして、イングルウッド・ビジネスマンズ・アソシエーションが閉鎖され

るまで働いていた。この組織は、63通りの商店主会である。

　70年代にはよくホステッドと63通りの交差点あたりに行った。そこにはシアーズやWieboldt'sといったデパートや、座って食事のできるカフェやレストランがあった。ソフト・タウン・シアター（Soft Town Theater）にも行ったことを覚えている。建物のなかには商業施設があり、ダラーショップが入っていた。映画館の中ではねずみが走り回っていた。映画を見ていると、足の上をねずみが走り回るから、足を上げたまま映画を見ていた。

　1970年代から、1981年にかけて、商業施設のアシスタント、そして後には、管理者補助として働いた。1985〜1993年には、イングルウッド・ビジネスマンズ・アソシエイション、その後は、グレーター・イングルウッド・ローカル・ディベロップメント・コーポレーション（Greater Englewood local Development Corporation）で働いた。

　1970年代に実施されたI 11、R−47都市整備における歩行者専用のクル・ド・サックのつくりは、安全上の問題を孕んでいた。ショッピングモールの裏側に駐車するために、車が人目につかないところに置かれることになったからだ。遠くまで歩くつくりは本当に不便だった。たとえば、モールでソフトクリームを買って車に戻ろうとすると、長い距離を歩いている間に、溶けてしまうのだった。あれは失敗だったな。

　ショッピング街の建替えに当たって、韓国系の商店主が排除された。地域の活性化のためには、すべての商店主が整備後に復帰することが必要だったが、ワシントン市長の方針は、できるだけアフリカ系アメリカン人のビジネスを後押ししたいという考えを持っていた。モールの店舗の賃料が高騰し、小さな店舗を経営していたアフリカ系アメリカ人店主たちには到底支払えないような金額になった。

　ちょうどそのころシカゴでは、ブラックパンサー党のイリノイ州の代表であったフレッド・ハンプトン（Fred Hampton[9] 没1969年）が警察によって射殺されたことを回顧する大きな暴動が起こるなど治安が悪化してきた。この頃は、コリアン・マーチャント・アソシエーションとイングルウッド・ビジネスマンズ・アソシエーションは共同していた。私がモールのディレクター補佐だっ

た頃である（1970年代後半と思われる）。開発後、アフリカ系アメリカン人に優先的に店舗を賃貸しようとするあまり、韓国人の店主は排除された。

　初めてのアフリカ系アメリカ人のシカゴ市長ヘラルド・ワシントンが急死した後、ユージン・ソイヤー市長（1987〜89年）は、何とかイングルウッド商店街を復活させようと300万ドルを都市再生事業につぎ込んだ。このときには、地域で都市再整備のための寄付も募られた。

　都市再開発で道路をクル・ド・サックにした結果、道路が歩行者専用になり、パーキングが遠く離れたところになり、これによって売り上げが大幅にダウンしたシアーズが1986年に閉鎖したことが、イングルウッドの衰退の象徴だった。そして、コミュニティにおけるアフリカ系アメリカ人の雇用促進が重要視された。しかし、イングルウッドは、貧しい労働者階級のまちとなり、健康問題や環境問題が深刻だった。63〜55通りにかけての地域が、人種転換問題に影響された。

　J氏は、イングルウッドが大好きだという。いつか、ここに家を買いたいと考えている。「しかし、仕事がなければ人々はほかの職場のある地域に移動するしかない。学校もまた重要である。63通りにはチャータースクールを設置する動きがある。」とJ氏は語った。

(2)　元ストリート・ギャングだったC氏の話

　C氏は、自分は当時ギャングだったと話した。

　私は、ブロンズビルという公営住宅から1980年代にイングルウッドにやってきた。ブロンズビルは、シカゴ公営住宅のなかでも最も治安が悪いといわれた住宅団地だった。公営住宅が取り壊しになるというので、家賃の安いイングルウッドに引っ越した。現在はイングルウッドで借家を借りて暮らしている。

---

9)　若いころからスポーツや学業で頭角を現し、ブラックパンサー党のイリノイ州のリーダーであり、アフリカ系アメリカ人の若きリーダーとして影響力を持っていた。FBIは、ブラックパンサー党が革命を標榜していると考えていたことからフレッドを標的にした。1969年12月3日フレッドが自宅で婚約者と就寝していたところ突入してきたシカゴ警察とFBIによって銃で2発頭部を撃たれて死亡した。

70 年代には、母親についてイングルウッドでショッピングをしたことを覚えている。子どものころはコミュニティセンターや公園で遊ぶのが好きだった。63 通りでは、ドーナツが 5 セントで売られていた。いつも湯気が立っていて、熱くてうまかった。少し大きくなると、64 通りと Lowe 通り交差点の角にあったスケートリンクでスケートをして遊んでいた。70 年代には人々が外から買い物に来るおしゃれな場所だった。自分は、ピーナッツやキャンディを売って小遣い稼ぎをした。

80 年代になるとＣ氏は、ギャングになった。当時シカゴで活動していたのはブラック・ディシプル・ネイション（Black Disciple Nation）といわれるギャンググループで、ギャングになるには、関門があり、自分がいかに組織にとって役立つ人間か、いかに賢いかを証明する必要があったという。

ギャングに入れると誇らしい気持ちになった。また、一旦ギャングになってしまえば、常にグループで行動し、助け合わなければならなかった。他方、町の困っている人を助けたり、けんかを仲裁したりもした。BDN のチームカラーは、ブルーだった。ブルーのスカーフを巻いて、揃いのＴシャツを着て 63 通りを歩いた。資金を集めて、商売を始めるという目的をグループは持っていた。もちろん親たちは息子たちがギャングに加わらないよう厳しく注意するいう人が多かった。ギャングは普通に仕事をするよりもずっと効率的に金を稼げた。ギャングがもう少し、頭がよくて経済開発を頭においていれば成功したに違いない。

5.4 イングルウッド荒廃の時期と要因

(1) 住民が語った衰退の要因

イングルウッドの人口は、1970 年に白人とアフリカ系アメリカ人との割合が完全に入れ替わり、住民の 98％がアフリカ系となる。しかし、70 年代初頭の段階では、人種の入れ替わりそのものは、人々に荒廃や衰退を感じさせるほどのものではなかった。

表-3　イングルウッドの人口とアフリカ系アメリカ人の割合

年代	人口	アフリカ系アメリカ人割合
1930	89,063	1.3%
1960	97,595	68.9%
1970	89,595	96.0%
1980	51,583	99.0%
1990	48,434	99.0%
2000	40,222	98.0%

資料：USCensus.

住民の語りの中から70年代に関するものを見てみると、次のようなものが見られる。

　70年代には、63通りには、仕立て屋やお針子、歯科医などプロフェッショナルな人たちもたくさん住んでいた。ハックフィンドーナツが駅のそばにあり、大きな窓からドーナツがあがるのを眺めることができた。CTAの駅のすぐそばだったので、電車を下りるとハックフィンのドーナツのにおいがしたものだった。(F氏)

　私は、この通りにある薬局で働いているときに、いつも乗るバスのドライバーと恋に落ちて結婚した。1974年のことだった。結婚指輪は、63通りのノーマンズ宝石店で買った。そして、子どもが生まれて二人で育てて、あっという間に時が過ぎていった。この通りには、思い出がたくさん詰まっている。夫が61歳で病死するまでずっとウェントワース（Wentworth Gardens）の公営住宅に暮らした。夫は、バスのドライバーとしてこの通りを毎日通り、私は子どもを育て、バスで63通りに通った。(F氏)

　7人兄弟姉妹の大家族とともに、子どもたちは電車の軌道でよく遊んでいた。きょうだいはかくれんぼをして遊んでいた。63通りはショッピングのための通りだった。まるで今のダウンタウンのような感覚で出かけたものだった。子どもたちの間では遊び半分に万引きをするものがいたことを覚えている。子どもの頃は、よく63通りで遊んでいた。兄や姉たちと一緒にお

菓子屋さんに行って、悪いと知らずにお菓子を握って出てきてしまったことを覚えている。

　祖父母が若かった頃には、食べるのに困った人がいればうちにやってきて一緒にご飯を食べたり、困りごとを抱えた人の相談にのったりして家の中には常に誰か来客があった。

　イングルウッドは、村のようなコミュニティのある場所だった。誰もが顔を知っていて子どももたくさんいた。

　70年代にはよくホステッドと63通りに行った。そこにはシアーズやWieboldt's といったデパートや、座って食事のできるカフェやレストランがあった。ソフト・タウン・シアター（Soft Town Theater）にも行ったことを覚えている。建物のなかには商業施設があり、ダラーショップが入っていた。映画館の中ではねずみが走り回っていた。映画を見ていると、足の上をねずみが走り回る。（J氏）

　70年代には、母親についてイングルウッドでショッピングをしたことを覚えている。子どものころはコミュニティセンターや公園で遊ぶのが好きだった。63通りでは、ドーナツが5セントで売られていた。いつも湯気が立っていて、熱くてうまかった。少し大きくなると、64通りと Lowe 通り交差点の角にあったスケートリンクでスケートをして遊んでいた。70年代には人々が外から買い物に来るおしゃれな場所だった。自分は、ピーナッツやキャンディを売って小遣い稼ぎをした。（C氏）

　祖父母が若かった頃には、食べるに困った人がいればうちにやってきて一緒にご飯を食べたり、困りごとを抱えた人の相談にのったりして家の中には常に誰か来客があった。祖父母は、商売人で裕福だったので、いつも家に人が溢れていた。生活に困った人に食べ物を与え、仕事を紹介し、家には人の出入りが絶えることがなかった。イングルウッドは、村のようなコミュニティのある場所だった。誰もが顔を知っていて子どももたくさんいた。（G氏）

5章　人口減少、地域の荒廃と闘うイングルウッド

　私は、この地域に愛着がある。私の祖父がこの土地に初めて家を買った。彼は退役軍人で、起業家だった。そして、祖父母の家は、私にとって、安心して過ごせる場所だった。1970年代、私は彼らとイングルウッドに暮らすようになった。63通りはお小遣いをもらうとすぐに買い物に出かける通りだった。子どもの頃には、親も自分も危ない等と思ったことはなかった。63通りに行けば何でも手に入ったから、ダウンタウンに行く必要はなかった。私の祖母が昔話してくれた思い出では、映画館の池に白鳥が泳いでいたということだ。63通りは、昔はちょっとしゃれた通りだった。祖父は自営業で、チープ・チャーリーという日用品と食料品を売る店を営業していた。その店は69通りとアーミテージの角にあった。

　私の記憶の中では63通りがにぎわっており、シアーズのデパートを中心に通りに様々な店が並んでいた。アフリカ系アメリカ人が掛売りで品物を買える唯一の店だったシアーズにお使いに行ったことを記憶している。その当時は、シカゴ南部地域に暮らす人々は皆63通りに買い物に来ていたものだ。鉄道が走り、通りには路面電車が通り、行き交う人々で混雑していた。（E氏）

　人々の語りからは、63通りは、1970年代前半には、全米チェーンのファッショナブルなデパートや宝石店、映画館があって、「ちょっとしゃれた通り」としてイングルウッド以外の地域からも買い物にやってくる通りだったことがわかる。レストランやカフェやドーナツ店があり、人々が腰を下ろして座れる場所があった。子どもたちが外で遊んでいた様子から、治安を心配する人はいなかったのである。

　また、「祖父母の家には困ったことがあると人がやってきた」困ったことがあれば村のように助け合う人々の姿や、歯科医、お針子など、専門的職業や熟練した働き手など、幅広い階層が暮らしていたことがわかる。

　このようなにぎやかな、安心できる街に陰りが見え始めるのは、1970年代後半から80年代ごろである。

　地域に変化を与えた一つの出来事は、シカゴに拠点を置く犯罪組織が現れ、若者たちを組織化したことである。

1970年代半ば、シカゴでは、ラリー・フーバー（Larry Hoover）が麻薬密売を資金源に大規模ギャングを組織するようになって若者たちに大きな影響を及ぼした。彼は、ギャングスター・ネイションという組織をつくり、大勢の若者がこれに加わった。一方、ディビッド・バークスデイルは、The Disciple Nation という組織を立ち上げた。これらの二つの組織があるとき統合されて The Black Disciple Nation という組織になった。これらのギャングのボスたちは、のちに多重の罪で収監され獄死している。

イングルウッドにギャングに加わる若者たちが現れ、ホステッド通りを挟んで東西に縄張りを主張し、ちょうど63通りでにらみ合いをするようになった。このため1990年代には喧嘩や発砲が起こり、外に出ることが危険になった。そのころ、63通りは歩行者天国になっており、ギャングたちはこの通りでけんかをした。

住民の証言によると次のように語られている。

　　当時シカゴで活動していたのはブラック・ディシプル・ネイション（Black Disciple Nation）といわれるギャンググループで、ギャングになるには、関門があり、自分がいかに組織にとって役立つ人間か、いかに賢いかを証明する必要があった。
　　ギャングに入れると誇らしい気持ちになった。また、一旦ギャングになってしまえば、常にグループで行動し、助け合わなければならなかった。他方、町の困っている人を助けたり、けんかを仲裁したりもした。BDNのチームカラーは、ブルーだった。ブルーのスカーフを巻いて、揃いのTシャツを着て63通りを歩いた。資金を集めて、商売を始めるという目的をグループは持っていた。

また、ほかの住民は次のように話している。1980年代には63通りが歩行者専用の通りになって車が通れなくなったと複数の人々が語っている。この様子を見てみよう。

　　1980年代、63通りが歩行者天国になった。そして、車が通れなくなって

しまった。駐車場は遠く、買い物をして歩いていくのが大変だったし、前のようにバスにも乗れなくなってしまった。そして、この歩行者天国にギャングたちが歩き回るようになって、すっかり治安が悪くなってしまった。63通りがすさんできたのは80年代だと思う。

　ウィルソンらの研究によると、80年代には、アフリカ系アメリカ人の居住する地域が徐々に荒廃し、工場などの移転によって、若者の働く場がなくなった。若者が収入減や事故のアイデンティティの確立のためにギャング組織に頼るようになった。これらのギャング組織のリーダーたちは、様々な犯罪行為によって収監され、獄中死している。また、メンバーたちも犯罪行為によって服役したものも多い。

　住民の話によると、ギャングが63通りで活動するようになり、買い物客が減り、子どもたちはひとりで買い物に行くことを親から止められるようになった。しかし、90年代に近づくと、ギャングすらもいなくなり、ますます通りは寂れていったのだった。購買力がなくなった地域から店舗は次々と撤退していった。代わりに、インド人や韓国人が経営する商店が出てきたが、最後には、アフリカ系アメリカ人が経営する一軒のスポーツシューズショップがあるだけになり、2000年ごろには、すべての店がなくなって、廃屋か荒地となっている。

(2) 都市再開発事業と地域荒廃との関連性

　1950年代から、97年の間にイングルウッドでは、少なくとも8回の都市再開発事業が計画されている。1956年当時、イングルウッドには10万人近くの人々が暮らしていた。このころには、住宅の老朽化し、労働者階級の住宅として建てられた住宅は庭が狭く、ビジネス・ディストリクトは駐車場問題が大きな課題となっていた（Department of City Planning 1969）。

　人種の入れ替わりが始まった1960年代には、子どもの数が多いアフリカ系アメリカ人の数が増えたため、学校や子どもたちが安心して遊べる公園の増設が急務となった。また、移民時代から続く街並みは老朽化が始まっていた。1955年から21年間はRichard J. Daley市長が5期半を勤めたが、その間に3

表-4 シカゴ・イングルウッド年表

年	シカゴ市の動向及び法の制定	イングルウッド
1937	シカゴ住宅局設立	低所得者向け住宅建設が始まる
1939	連邦住宅法	
1941	～2000年 Ida B. Wells 建設	
1956	～1968年高層公営住宅約19,000戸を建設	公営住宅供給により貧しい層が一箇所に集められるようになった 人口減少が始まる イングルウッド・コンサベーション・プラン（1958）
1962	Robert Tayler Home 建設	イングルウッドに近接する地域に公営住宅が建設 アーバン・リニューアル・プラン（1962） セントラル・イングルウッド・プロジェクト（1963）
1964	公民権法制定	
1968	公正住宅法成立	居住差別撤廃による住宅購入の自由化で人口転出 デリーによるイングルウッド再生計画
1970		人口減少、郊外への移住 イングルウッド・モール再整備計画
1975	住宅投資公開法	63通りをクル・ド・サック[10]として整備
1977	コミュニティ再投資法	
1980		治安の悪化、商店街の衰退 アフリカ系アメリカ人を含む人口減少 ルネッサンス・オブ・ネイバーフッド・コマース（ユージン・ソイヤーによるイングルド再整備 1988） コマーシャル・ディストリクト・ディベロップメント（63通りの再開通、1989）
1997		デリーによるイングルウッド都市再生計画

（筆者 作成）

回の再開発が実施されている。デリー市長は、都市開発に力を入れていた。着任の初期の段階で、シカゴの景観を再生するうえで大きな成功を収めた。壮大なダウンタウンのスカイラインは、このときに形成されたものである。シカゴの高速道路ネットワークやシカゴ・オヘア国際空港を拡張し、イリノイ大学を設立し、シカゴを前例のない建設ブームへと導いた。そして、迅速かつ効率的なサービスを提供し、シカゴ市を「働く都市」として有名にし、1970年代には大都市が金融危機を経験したときに、シカゴは、弁済能力を保持していたことから財政の天才としての評判を得た。

---

10) cul-de-sac はフランス語で袋小路を意味する。大通りとしてバスや電車が行き来していた63通りを行き止まりとし、歩行者の町として整備した。

写真-7　1969年の63通り中心付近図
出典："Chicago'sEnglewoodNeighborhoodatJunction".

　1968年にはデリー市長によるシカゴ市全体の再生計画が打ち出されるが、イングルウッドもこの地域に含まれていたことが1969年の再生計画に記されている。デリー市長は、クリアランスによる劣悪な住宅地の撤去と公営住宅建設及び近代化が遅れている地域の再生計画を主要プロジェクトにすえるアーバン・リニューアル・プランを示した。このプロジェクトの中にイングルウッドも含まれていた。

(3)　中央東地区の再開発地域

　この再開発計画において、イングルウッド中央と、サウス・エクスプレスの街区の間の63通りについては、早期の再開発を実施する。ここには、新たな住宅と公園、小学校、地域住民のための商業施設、病院の出先機関などを配置するとされた。

　このように1968年の計画では、63通りに関しては、若年人口の増加と地域の建物や道路等の老朽化、車の増加に伴うパーキングの設置等が計画された。この整備計画が実施された結果、63通りは上の写真にみるような空間に生まれ変わった。

図-10 イングルウッド・モール
出典：1970年代のイングルウッド・モールのパンフレット。

63 通りと Halsted の交差点付近を中心に、商店や駐車場の整備が行われた。車を止めて歩いて買い物をする構想で整備が行われたが、利用客には頗る評判が悪かった。駐車中に、車の防犯上の安全が確保できるか心配であったし、メインストリートまでの道のりが遠かった。駐車場の量が確保できた以外、歩いて通りにでるメリットがほとんどない計画だった。

1970 年代のパンフレットを見ると、117 店舗が描かれている（図-10）。写真 7 は、1969 年に撮影された 63 通りの鳥瞰図である。左右に伸びている道路がホステッド、ちょうど写真の中央部に走る通りが 63 通り、高架鉄道がこれに平行して通っているのがわかる。このあたりがかつて第二のダウンタウンとして最も繁栄している地域だった。

大規模再開発の実施は行ったものの、公民権運動によってアフリカ系アメリカ人の行動範囲が広域化したことや、モータリゼーションによる購買行動の変化によって、近隣のモダンなショッピングモールによって客を奪われた。道路を迂回させ、歩行者天国にしたことによってギャングの資金調達活動の場に使われるようになり、治安が悪化したこと、また、駐車場からの距離が遠すぎて不人気となった。

1970 年代に実施された I 11、R-47 都市整備における歩行者専用のクル・ド・サックのつくりは、安全上の問題を孕んでいた。ショッピングモールの裏側に駐車するために、車が人目につかないところに置かれることになったからだ。遠くまで歩くつくりは本当に不便だった。たとえば、モールでソフトクリームを買って、車に戻ろうとすると、長い距離を歩いている間に、溶けてしまうのだった。(再掲)

この計画が失敗に終わったことは、住民たちの証言通りである。再び、ワシントン・ソーヤ市長期には再開発が行われる。

アフリカ系アメリカ人として最初の市長になったワシントン市長が在職中に死亡すると、これをユージン・ソーヤ市長が受け継いだ。ソーヤ市長期には、イングルウッドは、更に再整備を余儀なくされるようになった（1986 年再開発; The Englewood Plan: Renaissance of Neighborhood Commerce）。

このときまでに、シアーズとウィボルツ（Wieboldt's）の両方のデパートが閉鎖され、これによって客足が減っていた。60年代には、地域の人種構成に大きな変化が生じ、購買力やマーケットは減退していた。また、車の普及によって、遠くのショッピングモールとの競争が始まっていた。さらには、イングルウッド・モールは、郊外にあるショッピングセンターに似せて整備されていたが、実際には全体をマネジメントする会社等は設立されず、各商店主は独立していた（Lettiere & Stamz 2002）。

　1970～80年代にかけて、6,000戸の住宅が周辺地域で失われていった（Department of Planning City of Chicago 1988）。また、人口は20％近くも減少し、商業地域には多額の投資が行われたが、住宅地域には投資されてこなかった。当時再開発のために実施する調査によると、地域住民のうち、イングルウッドで日常的に買い物をするのは、8％に過ぎなかった。エバグリーンプラザや、フォード・シティに行く人々が約7割に達していた（Department of Planning City of Chicago 1988）。そして、1986年の計画では、地域住民の購買力の現状から、ディスカウントストアが立地すること、商業施設の多様性を確保し、ミドルクラスの購買者を引付けること、映画館やレストランなどで他の商業地と同様の魅力を確保する等が計画に盛り込まれた。これと同時に、住宅地と商業地を同時に再生することの重要性が指摘され、住宅開発が計画に盛り込まれた。そして、車を排除していた通りに再び交通を呼び戻すことが計画に盛り込まれた。商業施設に関しては、商業、飲食、サービス等の業種がバランスよく配置されること、アフリカ系アメリカ人のビジネスオーナーの参入が期待された。

　また、スペシャル・サービス・エリア、セントラル・リテール・マネジメントなどを導入し全体のマネジメント・システムを構築した。さらに、広告、イベント等を促進し、商店街を盛り上げるという提案もなされた。このソーヤ市長によるイングルウッド再生計画において実現したのは、クル・ド・サックになっていた道路を再度車の通れる道路にすることだった。

　1970年代後半頃、コリアン・マーチャント・アソシエーションとイングルウッド・ビジネスマンズ・アソシエーションは一緒に働いていた。ショッピング街の建替えに当たって、アフリカ系アメリカ人の商店主の入居を優先

したために、韓国系の商店主が排除された。地域の活性化のためには、すべての商店主が整備後に復帰することが必要だったが、韓国人の商店主たちは戻ってこなかった。再開発後、モールの店舗の賃料が高騰し、小さな店舗を経営していたアフリカ系アメリカ人店主たちには到底支払えないような金額になった（再掲）。

このように、イングルウッドには、何度も再開発事業として資本が投じられてきたが、1950年代から人口は減少を続け、購買力も戻ることは無かった。

(4) ジェントリフィケーションと公営住宅の解体がイングルウッドに及ぼした影響

1937年にシカゴ市住宅局が設置され、1950年代から60年代にかけてシカゴでは約19,000戸の高層の公営住宅が建設された。1962年、イングルウッドと最も近いところに建設されたのは、ブラック・ベルトといわれるかつてのアフリカ系アメリカ人の居住地域をクリアランスした後に建設されたロバート・テイラー・ホームスだった。政府の実施した公共住宅政策は、大都市中心部のアフリカ系アメリカ人地域を中心に公営住宅を整備していった。

1960年代には、人種差別問題は危機的状況に達しており、公民権運動の進展を背景に、シカゴ市住宅局は公営住宅を建設することによってよりよい住環境と人種混合のエリアにするようにプロジェクトを進めた。しかし、このことは、人々が期待していたのとは異なる結果を招いた。公営住宅は、不法占拠や暴力、薬物の売買などの違法行為がはびこりパブリック・スラムと揶揄される犯罪の温床となってしまったのである。

ロバート・テイラー・ホームスは、シカゴの公営住宅では大きな規模のものであり、16階建ての高層住宅が28棟も連なっていた。そして住宅は、シカゴ住宅局の最初のアフリカ系アメリカ人局長にちなんでつけられたものであった。犯罪の状況についてウィルソンは次のように述べている（Wilson 1987）。

　　シカゴにおいて、1970年代には黒人が被害者となった殺人事件の98％は黒人によって起こされたものであった。ヒスパニック系の殺人事件は75％がヒスパニックによるもの、白人の殺人事件の51.5％が白人によって起こさ

れたものであった。1980年代には、黒人による黒人の殺人事件は98%、ヒスパニックによるヒスパニックの殺人事件は81%、白人による白人の殺人事件は52%だった。これらの事件に関して重要な点は、これらの殺人事件は、地域の経済的なステータスに大きく影響を受けているということである。シカゴの半数以上の犯罪が、24区内（当時の警察の区分）で発生し、これらの地域は、貧しい黒人とヒスパニック系の地域であった。シカゴで、最も犯罪件数が高いのは、南部地区にあるウェントワース・アベニュー（Wentworth Ave.）区域である。この地区は、シカゴ市全体の人口の3.4%が居住し、広さでは、4マイル（6.4キロメートル）四方であるが、1983年の殺人事件の11%に当たる81件、暴力事件の13%に当たる1691件がこの狭い地域で発生した。もっと細かく見るとこの地域には、ロバート・テイラー・ホームス（Robert Taylor Homes）という公営住宅があり、これは、シカゴで最大級の公営住宅プロジェクトである。28棟の16階建の建物によって構成され、92エーカー（0.37平方キロメートル）である。この団地には、1980年に公式には約20,000人が暮らしているといわれていたが、このうち5,000〜7,000人が正式には入居していない人々であるともいわれていた。所得の中央値は、5,470ドル、93%の子どものいる世帯は、ひとり親世帯であった。83%が児童手当（Aid to Family with children）を受けていた。失業率は47%に上る。市の殺人事件の11%、レイプ事件の9%、暴力事件の10%がここで起こった。カブリニーグリーン（Cabrini-Green, 他の公営住宅地区）も同様の状況を示した。

　ロバート・テイラー・ホームスは、この当時台頭し始めたギャングたちの根城にもなった。The Mickey Cobras（MC's）と Gangster Disciples（GD's）gangs がこの住宅地を独裁するようになった。これらのギャングの影響は、イングルウッドにも及び、若者たちはこのグループに取り込まれて犯罪に手を染め、異なるギャンググループとの対立を深めていった。犯罪率については、ウィルソンの解説の通りである。

　1987年3月20日のシカゴ・トリビューンには、シカゴの公営住宅における犯罪の多さが記事として掲載されている。

シカゴ市住宅局は、一日にロバート・テイラー・ホームスで取引されるドラッグは約4万5千ドルに上るといっている。かつての住民の証言によると、ドラッグ・ディーラーたちが団地をコントロールしようとして争い、ある週末には個別の銃声が300発も聞こえたという。同じ週末に28人の死者が発生した。そして、この事件のうち28件はギャングが関係している犯罪である。

ロバート・テイラー・ホームでの犯罪は、1970年代を通じて上昇し続けた。ほとんどの公営住宅での犯罪は、ドラッグかギャングが関係していた。1976年10月、22歳のデニス・ドジヤーが15階のアパートの窓から投げ落とされた。しかし、彼女は幸いなことに命をとりとめた。

1983年6月25日、ビニエット・ターゲという幼児が、祖母が電話に出るために目を離した数分の間にさらわれた。おおむね50人の人々が廊下にいたにもかかわらず、警察は誰からも証拠となるような有用な証言を得ることができず、事件は迷宮入りしている。その後、幼児の姿を目撃したものは誰もいない。

1991年8月15日、深夜少し前にシカゴ市警察のジミー・ヘインスは、ロバート・テイラー・ホームスからライフル銃で狙撃され、マーシー病院で2日後に亡くなった。3人の容疑者が逮捕された。

1993年2月、ギャングのミーティングが行われている際に警察官の通行を許した公営住宅の管理人は、その後撲殺された。

ロバート・テイラー・ホームスは、カブリニーグリーンと同様90％以上は、アフリカ系アメリカ人で占められていた。そして、ドラッグと犯罪と暴力によって支配されていた。ほとんどの住民は、失業しており、公的な経済支援を必要としていた。

慢性的な政府の予算の問題によって、公営住宅の修繕やソーシャルサービスは滞っていた。公営住宅の居住環境は益々悪化していった。これが1990年代後半まで続く。

公営住宅は、1950年代にデリー市長が整備したものであったが、1990年代には、先の新聞記事のごとく荒廃が進み、その息子である Richard M. Daley（1989

〜2011）が市長になってミクスト・ディベロップメントとして再生した。日本の公営住宅再生では、既存の住民には建替え後の再入居用の住宅が100％準備されるが、シカゴの公営住宅は、不法占拠者が多く、すべての住民が再生された住宅に再入居できたわけではなかった。公営住宅は全体として著しく数を減らし、かわりに分譲住宅が供給されて、ミドルクラスの住民が半分以上を占めるようになった。このため、公営住宅から退去した人々が、安い家賃の賃貸住宅を求めて、イングルウッドのような地域に人々は転居して行った。こうして、地理的に近い他の地域のジェントリフケーションは、開発が遅れている家賃の安い地域により一層低所得の人々を引き付けることになったのである。セグリゲーションの要因のひとつは、ジェントリフィケーションである。

5.5 イングルウッドの人口減少と荒廃を引き起こした複合的な要因

イングルウッドの荒廃は、人種の入れ替わりという単純な問題がもたらしたものではなかった。

都市機能という観点からは、デパートやレストラン、ドーナツ屋のような地域で親しまれ、集客力のある施設が撤退していったことにより、地域が集客力を失ったことが大きな要因である。これによって、地域全体がファッション性を失い、外部からの買い物客が異なる地域に行くようになった。

交通面では、1970年代後半に歩行者天国になったために、公共交通機関が入れなくなった。人通りの多い商業空間は、かつては路面電車、のちにはバスによって人を運んできていた。また、駐車場の拡張を試みたことがこの再開発の重要な点であったが、郊外のショッピングモールと比べると買い物をする場所から遠いところに駐車することになってしまい、利便性が失われた。

60年代から70年代の大きな変化はホワイト・フライトによって、地域の人種がポーランド系の移民からアフリカ系アメリカ人へと入れ替わったことである。当時多くの都市において都市の中心部での人種の入れ代わりが生じた。しかし、この頃の地域の社会階層はまだ多様であったと判断される。ヒアリングの中でも、70年代の半ばごろまでは、「お針子や仕立屋、歯医者などのプロフェッショナルな人々がいた」、また、住んでいた家族がかなり裕福な家族で

あったとの話からは、多様な階層が暮らす町であったことがわかる。

　また、街中には、映画館や宝石店やカフェやレストラン、バーなど、人々が交流できる空間が残っていた。人種の入れ替わったあとも、カフェや遊び場や映画館のある賑やかな商店街が人々の記憶に残っている。しかし、この頃の映画館は、ねずみが走り回る映画館になっており、華々しい商業地域からの転落が垣間見られる。この時期はまだ、子どもたちは表を走り回り、子どもが買い物できるお菓子屋が町にあり、様々な階層の人々が混合しているバーやカフェやデパートが、居場所として存在していた。困った人は裕福な家で助けてもらうことができる社会的関係性が残っていた。

　ところがこの時期に二つの大きな都市の変化が地域に影響を与える。ひとつは都市再開発事業の失敗である。63通りの駐車場不足を解消するために、車で通り抜けることができるショッピングストリートをクル・ド・サックに作り変えて、駐車場をショッピングモールの外周に配置した。これによって、商店街の交通の流れが途絶え、駐車場からの距離が遠くなり、不便になってしまった。

　シカゴ市でのギャング活動の活発化により、イングルウッドにもギャングたちが現れた。

　近隣の近代的な商業施設の新規開発も63通りに打撃を与えた。モータリゼーションの進展とこれに対応した新たなショッピングモールのオープンによってイングルウッドは、最もファッショナブルな町から転落していくのが70年代後半あたりである。公民権運動の進展により、自分たちの町にとどまっていたアフリカ系アメリカ人は自由にどこにでも出かけて買い物をするという生活ができるようになっていった。

　近隣地域において、新たなショッピングモールが次々とオープンし、また、70年代初頭には、バス等公共交通機関を利用してイングルウッドへ来る人が多かったが、70年代半ばごろには車に変わった。これによって、イングルウッドは駐車場が不足し、モールの外に駐車場を確保することを選択した。

　さらに、その後1980年代後半には、クル・ド・サックを解消した。ソーヤ市長の再生プランでは、商業地域へのアフリカ系オーナーの参入、住宅の整備、コミュニティ・ディベロップメントなどが盛り込まれていたが、その実現を見

ることはなかった。

　ソーヤ市長は、80年代に任期中に亡くなったワシントン市長のあとを引き継ぎ、さらなる再開発を行って、アフリカ系アメリカ人のテナントを優先的に入れようとした。しかし、そのころすでに店を持っていた韓国人の商店主たちの撤退を招いたと同時に、再開発によって高騰した賃料はアフリカ系アメリカ人が店を出すには高すぎるものとなった。

　新たに市長となったデリー氏（息子）は商業地域の開発のみを中心に進めていった。そして、公営住宅を解体してミドルクラスの住民をむかえるために、ミクストディベロップメントを実施した。このためセグリゲーションを招いた。イングルウッドでは80年代の10年間は坂を転がり落ちるように人口は減少し、残っていた商店もなくなり、地域は野原に変わっていった。人々は、仕事を探すのにも、お茶を飲む場所も、レストランで食事をするためにも、買い物をするにも地域の外に行かなければならなかった（Papachristos 2013）。1950年代から、イングルウッドの商業地域には、再開発によって何度も投資されてきた。しかし再開発事業による投資は、建物を更新することはできても、貧困や地域住民の困窮に対処することはできなかった。

5.6　イングルウッド再生の主体、チームワーク・イングルウッドとそのネットワーク

　イングルウッドにおいて、1970年代と1990年代にシカゴ市によって実施された都市再開発事業は、地域の改善にあまり影響を与えなかっただけでなく、2000年に至るまで人口の減少を止めることはできなかった。地域には、空き家や空き地が増加し、まるで鉄道の敷設が始まる前の原野に帰っていくかのように見える。そればかりか、犯罪も多発し、治安の悪化は人口減少に拍車をかけた。

　衰退地域の再生には、社会経済的開発が重要である。80年代以降消えていった人々の生活の場や子どもたちの安全な遊び場を確保する必要がある。ペリー・ガン率いるコミュニティ・ベイスト・オーガニゼーション、チームワーク・イングルウッドの働きを本項で論じることにする。

　2000年、衰退の状況に対応するため、イングルウッドは、コミュニティを

基盤とした住宅整備等の活動をサポートしている全国的な民間組織LISC（Local Initiatives Support Corporation ＝ LISC）の支援により、地域の包括的コミュニティ開発（Comprehensive Community Development）を実施することとなった。2005年には、地域再生のマスタープランとなるクオリティ・オブ・ライフプランが立案された。その計画の実施機関としてチームワーク・イングルウッドが組織化されたのである。

包括的コミュニティ開発とは、LISC等のインターミディアリーを通じて、民間助成財団等が資金を提供し、商業、経済、都市、住宅、医療、福祉、教育など多面的な開発を行って、地域の改善や活性化を図るものである（仁科 2013）。シカゴでは、マッカーサー財団の出資により、16コミュニティがNew Community Program（ニュー・コミュニティ・プログラム，以降省略してNCPと称す）とよばれる包括的開発に参加した。

マッカーサー財団は、事業家であったJohn D.と妻のCatherine T. MacArthurが1970年代に事業利益を社会のために役立てたいと設立した財団である。2人は、シカゴに暮らしていたため、とりわけ財団はシカゴと深い関係がある。これまでに13億ドルが、シカゴのコミュニティに対して助成されている（MacArthur Foundation 2018）。NCPは、このうちのひとつの事業である。

2001年から2014年の間に、244項目の助成を行い、総額2億1,500万ドルの助成を実施した（MacArthur Foundation）。このような巨額の民間助成金が得られるのは、アメリカのコミュニティ・プラクティスの特徴であるが、LISC（中間支援組織）、コミュニティ組織、助成財団の3者の関係はシカゴの場合きわめて密接でありこの三者こそがコミュニティで実施する事業の核となっている。市場による投資が機能していない地域の再生を行っていくためには、営利や見かえりを必要としない資金を得る必要がある。

シカゴ市の行政機関の中には、コミュニティに関する総合的な部署はなく、行政機関の多様な部署の中にばらばらに存在している（Betancurほか 2015）。そして、シカゴ市がコミュニティに対して計画的な予算を立案する額より、そのコミュニティに関係する市議会議員が流動的な予算をコミュニティ組織や地域に対して引き込む額がはるかに大きいという特異な状況にある（Betancurほか 2015）。

5.6.1　チームワーク・イングルウッドと協力組織

　チームワーク・イングルウッドは、中間支援組織 LISC とネットワークを組んで事業を実施しているエイジェンシーのひとつである。63 通りに面した銀行の建物の 2 階に事務所を構えている。

　チームワーク・イングルウッドは、地域組織化を行うコミュニティ・オーガニゼーションとは異なる媒介的組織といわれるものである。媒介的組織とは、地域のコミュニティ・オーガニゼーションやボランタリーな組織と外部の資金や事業をつなぎ媒介していく役割を果たす。インターミディアリーである LISC シカゴ（Chicago LISC）が CCIs（Comprehensive Community Initiatives）と呼ばれるプロジェクトを立ち上げるために特別につくった組織である。CCIs は、コミュニティを基盤とした組織が受け皿（リード・エイジェンシー）となって LISC や民間助成財団の資金援助を受けて地域の再開発や社会、経済、教育等包括的な分野において事業を実施するものである。2000 年のプロジェクトでは、シカゴ市内の 16 の地域とエイジェンシーが選ばれたが、既存の組織が地域のリード・エイジェンシーとなった、あるいは、いくつかの組織が統合されて新たなリード・エイジェンシーを形成したもの、また、新たな組織を立ち上げたものなどがあったが、イングルウッドでは、新しい組織としてチーム・ワーク・イングルウッドが LISC のプロジェクトのために組織化された。

　チームワーク・イングルウッドの母体となったのは、セント・バナード病院とグレーター・イングルウッド・メソジスト教会、プルマン銀行である。組織形態は、いわゆるボードオーガニゼーションといわれるもので、ボードメンバー（理事会）を意思決定機関とし、実働は事務局が行う仕組みを持っている。この役割は、コミュニティを基盤とし、コミュニティのために事業の実施や運営を行うことである。チームワーク・イングルウッドのミッションは、イングルウッド地域の再開発及び活性化を多面的に担うことであり、LISC や他の機関を通じて得た資金を地域内の事業や活動する組織に分配するインターミディアリーとしても機能している。イングルウッドは、このプロジェクトにおいて 2000 年にクオリティ・オブ・ライフ・プランという地域の再開発のためのマスタープランを策定した。また、2016 年には、第二のマスタープランとなる第二期クオリティ・オブ・ライフプランを策定している。

現在エグゼクティブ・ディレクターを務めるペリー・ガン（Perry Guun）は、2013年まで同じようにCCIsに参加していたアルバニーパークでディレクターを務め、その経験を基に2014年にイングルウッドのエグゼクティブ・ディレクターに引き抜かれ就任した。ペリー・ガン以前のディレクターはこのプロジェクトが始まって以来少なくとも3人はいたが交代を繰り返していた。ペリーが就任してから、急速に事業が進んでいる。

彼の当初の戦略は、経済開発によって地域に利益をもたらし、就業の場や収益を生むことであった。それは、失業率の高いイングルウッド地域の中に仕事を生み出すことが、重要な課題であるからだ。さらに、イェール・アパートメントをはじめとする歴史的な建築物を残すことによって地域の誇りを取り戻すこと、キング・ケネディカレッジの誘致等によって外からの人の出入りを高めようとする等の事業目標を定めている。最大のメリットは、この組織が受け皿となることによって助成財団の資金援助を受けることができたことである。

2005年イングルウッドは、700人あまりの地域住民や関係者の参加のもと、ニュー・コミュニティ・プラン（New Community Plan）において、今後の地域

写真-8　セント・バナード教会（仁科撮影）

写真-9 セント・バナード教会が供給したアフォーダブル・ハウジング
64通及びハーバード・アベニュー (仁科撮影)

再生計画を明らかにした (Team Work Englewood 2005)。この計画は、計画目標及びビジョン、実施計画、アクションプラン、担い手から構成されている。計画目標は、「新しい産業にとって魅力的な地域をつくり、人々の働く場を創出する」を第一の目標にすえている。失業率の高さは、犯罪率の高さに直結する。特に、製造業が海外に工場を移し、ブルーカラーの男性の職場がなくなってからは失業率が上昇し、犯罪が増加した。

チームワーク・イングルウッドの設立機関でもあり、協力機関として力を持っている組織にセント・バナード教会がある。アメリカでは、教会がコミュニティ・オーガナイザーや開発事業者として事業を行うことはよくある。

1903年に教会のリーダーであったムライが地域の医療施設の重要性を訴え、7人の修道女たちが地域の人々から集めた寄付によって1905年にセント・バナード教会が建設された。1970年代には看護学校を併設するようになり、現在では、900人の従業員、150人の医師を雇う地区最大の雇用者である。

セント・バナード教会は、地域のコミュニティ・ディベロップメントの主要な担い手でもある。空き家と空き地ばかりとなっていた64通りに、2013年、

St. Joseph,と the community of women religious からの資金提供によって、70戸の3ベッドルームのアフォーダブル住宅を建設した（写真-9）。この時、イングルウッドに新築住宅が建設されたのは実に30年ぶりのことだった。このノンプロフィットのアフォーダブル住宅の開発は高く評価され、Richard H. Driehaus 賞を受賞した。

また、セント・バナード教会は、イングルウッド地域の開発の中心となっているチームワーク・イングルウッドの資金提供者ともなっている。教会はイングルウッドだけでなくシカゴ南部地域の中でも重要な役割を果たしている。

5.6.2 グレーター・イングルウッド・コミュニティ・ディベロップメント・コーポレーション（GEDC）との共同によるホール・フーズ・ストアの誘致

第一次クオリティ・オブ・ライフプランに位置づけられていたスーパーマーケットの誘致が動きだし、2017年に完成した。チームワーク・イングルウッドは全体の調整と経済開発以外の事業を行い GEDC は経済開発に特化して事業を行うという役割分担のもと、GEDC[11] によって、クオリティ・オブ・ライフ・プランのアクションプログラムのひとつとなっていたホール・フーズ・ストアの誘致が実現した。イングルウッドへの高級スーパーマーケットの建設はシカゴではよく知られたニュースになった。

GEDC は、2011年10月に設立された新しい組織である。法律上の非営利組織（501（c）3 not for profit organization）の指定を受けている組織で、LISC の支援によって1974年からサウスシカゴで活躍しているグレーター・サウス・ウエスト・ディベッロップメント・コーポレーションの経済的傘下組織として設立された。

---

11) GEDC の設立の目的は、地域に経済的なインパクトを与える経済開発を推進することであり、次のような項目に力を入れている。
　・イングルウッド地域における適切な経済開発
　・コミュニティ資産の発掘と開発
　・ステイクホルダー及び住民との経済的目標の共有
　・イングルウッドにおけるすべての資源に関する透明性と説明責任の確保
　・住人、地域組織、宗教団体、ビジネス団体、政治家等との関係性の構築

写真-10 イングルウッドにおけるホール・フーズ・ストアの入った商業開発（仁科撮影）

　近年、イングルウッドでは、アーバンファームが開発され、人々の働く場や就業訓練の場として活用されている。さらには、ブロッククラブ（街区自治会）やTIFによる開発、キングスカレッジのようなランドマークの建設が進んでいる。GEDCは、これらについて評価し、コミュニティ投資ポートフォリオとして整理し、コミュニティ・アニュアル・レポートにまとめている。

　コミュニティ・アニュアル・レポートは、イングルウッドにおける資産やプロジェクトを数値化し、住民、ステイクホルダー、政治家などに対してこれを公表して更なる投資や政策の展開に寄与することを目的に作られている。コミュニティ・インベストメント・ポートフォリオでは、地域の中に100区画以上の空き地、空家などの未利用地が存在することが示され、この活用について人々に様々な示唆を与えた。これらの未利用の区画に何らかの計画があるとすれば、これをレポートの中で示すことによって、リバレッジ[12]を高めることができる。

　これらの評価によって、地域の人々が、コミュニティ資産についてよりよく

---

12) これまでの投資を梃子にした更なる投資のこと。

理解できたことや、コミュニティ資産の価値、及び投資のレベルを明確化した、ステイクホルダーが投資するときの指針となる、社会計画及び、コミュニティの共同の戦略を改善したといった効果があると考えられている。

　例えば2014年には、長期間空き地となっていた63通りに面したイングルウッドの中心地にホール・フーズ・ストアが誘致されたのもこのような地域投資の「見える化」が功を奏したといえる。ホール・フーズ・ストアは、全米で展開する高級スーパーマーケットである。この誘致と土地の整備には、TIFから1,200万ドルが拠出された。実際には、土地は営利の不動産会社によって購入されて整備された。ホール・フーズ・ストアは10年間のリースによって土地を借りている。イングルウッドは、失業者が多く、働く場が求められているため、ホール・フーズ・ストアの誘致は、就業の場としても期待されている。シカゴの中でも荒廃が進んでいる地域への高級スーパーマーケットの進出は、イングルウッドの住民だけでなく、シカゴ全体に驚きを与えた。この驚きには、値段が高いオーガニック商品を地域の人々が購入できるだろうかという懸念も含まれていた。実際には、ホール・フーズ・ストアは、賃料が安い分商品の値段を下げている。また、広い駐車場が整備されているため、イングルウッドの外から買い物客が訪れている。

　GEDCとチームワーク・イングルウッドは、クオリティ・オブ・ライフプランに基づき、現在（2016年3月）までの間には、空き地でのアーバンファームの開発と就業支援事業、集いの場としてのカフェのオープン、地域のまちなみ、建物の価値の見直しと保存計画、63通りの再整備（街頭、花、歩道の整備）、ショッピングモールの整備とホール・フーズ・ストアの誘致を実施してきた。

5.6.3　イングルウッドの 新マスタープラン（Quality of Life Plan 2016）策定

　LISCシカゴが進めているコミュニティ・プラクティスの方法は、クオリティ・オブ・ライフ・プランを地域の多様な組織や住民の参加によって立案、策定し、このプランどおりに事業を進めていくこととしている。住民が主体になって計画立案できる地域はほとんどなく、コミュニティ・オーガニゼーションなどの支援組織が中心となっているケースがほとんどである。この意味で、コミュニティ・エージェンシーは、コミュニティ再生のプロフェッショナル組織といえ

るであろう。チームワーク・イングルウッドがコミュニティを基盤として進めてきた事業のマスタープランとなっていたのは、クオリティ・オブ・ライフプラン（計画期間 2005 〜 2010 年）であった。この計画には、63 通りの再開発と空き地の活用、商業店舗の誘致などが盛り込まれており、ホール・フーズ・ストアは、この計画に基づいて誘致された。

この計画の特徴は、クオリティ・オブ・ライフプランとし、住民の生活側から見たプランとなっている。このために、縦割りとならず、教育、医療、から、再開発までがひとつのプランとして計画されていることである。新マスタープランには、重点課題として、教育と青少年の育成、健康、ハウジング、就業支援及び経済開発、公共における安全の 5 つの柱が定められた。

教育関係では、すべての児童・生徒がメンターにアクセスできるようにすること、3 年生までに読み書きができるようになり、より多くの子どもが高校を卒業できることを目標に据えている。このためのプログラムとして、読み書きの学習ができる施設やプログラムを地図に示すことや、生徒の多様なニーズにあった効果的なプログラムを作成すること等があげられている。

健康分野では、住民が健康維持のための資源に結びつくよう、健康指南チームを組織化することや、地域内で実施されている農業プロジェクトで収穫される野菜を地域で販売すること、地域内での野菜作りをもっと推進するなどのプログラムが示されている。

ハウジングでは、ハウジング・リソースセンターを通じて、賃貸、中古住宅の販売に関する情報提供を行う、住民と、ディベロッパーや投資家などが協力して空き家を修復するプロジェクトを立ち上げる等が掲げられている。

就業支援及び経済開発では、地域のストレングスを生かした開発を実施することや、地域の状況に合った就業支援プログラムを探し適用することが盛り込まれている。

更に公共の安全は、イングルウッドにとって大きな問題であるが、ピースキャンペーンの展開や、放課後の居場所としてユースセンターを開設して、若者の検挙者数を縮小することや、カウンセリング、怒りのマネジメント[13]、18 〜 34

---

13) 近年 SNS の発達により投稿された文や写真に怒りを感じて、発砲事件、殺人事件、抗争などが多発している。

歳までの若者を対象とした薬物使用者へ離脱カウンセリングなどを実施するとしている。

新しいマスタープランは、今後5年間、イングルウッドが実施する計画を示めし、中間支援組織がこれを支援していく。

5.7 シカゴ市とのパートナーシップで展開する大規模空地の1ドル譲渡

5.7.1 グリーン・ヘルシー・ネイバーフッド計画（シカゴ市）

イングルウッドをはじめとする人口減少地域は、グリーン・ヘルシー・ネイバーフッドの対象地域である。

グリーン・ヘルシー・ネイバーフッド計画（Green Healthy Neighbourhood, 以降GHNと省略する）は、シカゴ市とLISCシカゴが協力して実施する大規模空き地の存在する地域の空間改善計画及び販売計画である。指定された地域（コミュニティ・エリア）では、空き地のあるブロックに既に住宅を所有している者か、非営利組織が1ドルで空き地を購入できる。インターネット・サイトを使って、自分の住んでいる地域のどこが空き地で、どこが売りに出ているかを検索できるサイトがチームワーク・イングルウッドによって開発された。

GHNは、シカゴ市の計画であるが計画推進面では、近隣地域におけるコミュニティ・オーガナイザーやコミュニティ・エイジェンシー、そして、インターミディアリーであるLISCの協力の下に共同で進められている。シカゴのコミュニティ・プラクティスは行政との連携が少なく、民間の財団による寄付と市議会議員の裁量による事業が多いといわれている（Betancur 2015）。GHNについては、市の財源を使っているわけではないが、チームワーク・イングルウッドのイニシアチブによって開発されたソフトを使ってシカゴ市の土地の売却を助けている。市は、土地を保有し、売却し、地区指定を行っている。

空き地の購入促進は、近隣地域の安定化を図るための取り組みである。この計画の対象地域は、サウスシカゴのコミュニティ・エリアのうち、イングルウッド、ウエストイングルウッド、ウッドローン、ワシントンパークである。図-11に示す空き地のうち多くは市の所有であるが残りは私有地である。図-12は、計画地域内にある歴史的価値のある建築物の位置を示したものである。こ

94 第Ⅱ部 3つのコミュニティ・エリアのプラクティスから

図-11 ラージ・ロット位置図
出典：Green Healthy Neighborhood より。

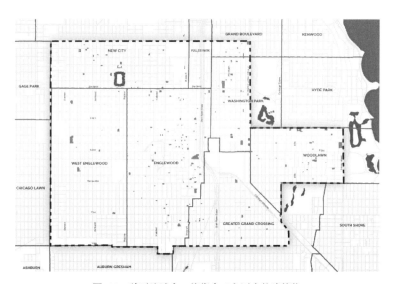

図-12 計画地域内の修復すべき歴史的建築物
出典：Green Healthy Neighborhood より。

れらの建築物は、修復し保存し、活用することが求められている。計画は、シカゴ市企画開発部（DPD）によって推進され、技術的援助は、シカゴ・メトロポリタン・エージェンシー（CMAP：Chicago Metropolitan Agency for Planning）によって実施され、コミュニティへのアウトリーチは、LISC シカゴがシカゴ・ニュー・コミュニティ・プログラム（CNC）を通じて実施している。

　GHN では、人口減少地域においては、隣地を購入することによって、通常より大きな敷地での住宅と住宅地の修復と再生を目指しており、大きな庭や植樹等により、通常より環境の良い緑の住他地を目指すものである（図-13 参照）。このために、可能な限り既存の住宅を再利用する、現在市有地となっている大規模空き地を民間で活用するための施策を展開する、主要な道路及び結節点のみに新規の住宅建設を集中するという方針を定めている。これらの土地は、地域に人口減少が生じた結果、生じたものであるから、住宅の再建をせず、隣地購入をすすめ、緑の多い住宅地とすることを狙っている。人口減少に対して、住宅を供給することによって人口増加を期待するような短絡的な計画ではない。

　このプログラムは、エマニュエル市長の「住宅五ヵ年計画」の勧告のひとつ

図-13　GHN が提案している敷地の大きな住宅
出典：Green Healthy Neighbourhood by city of chicago.

である 2014 年から 2018 年までの間にシカゴ市全体で 41,000 戸以上の住宅を供給し、既存住宅を改善し、保存するという計画と連動している。空地が多く人口、世帯が減少している地域と人口が増加している地域とで明確に政策をわけている。このために、公的支出 13 億ドルが提示されている。購入者は一回の申請で 2 敷地まで購入を希望できることになっている。

大規模空き地の多くは、土地に対する固定資産税が払われないまま市が接収したものであるが、購入者は未払いの税金についての納税義務を負わない。購入物件の多くは、市が所有し、住宅（R）ゾーニングが必要である。

この空き地の利用については、自己の敷地の拡大、美化のため、庭園の造作、住宅用、および現在のゾーニング規制によって許可されているその他の用途に使用することができる。土地取得者は、プログラムを通じて購入した敷地の所有権を少なくとも 5 年間保持する必要がある。

5.7.2 シカゴ市と非営利組織との共同によるラージ・ロット・プログラムの展開

GHN が展開される地域では、4 つの非営利住宅供給主体が活動しており、これらとの連携によって事業が展開されている。住宅供給は、駅の近隣、大通りの角など、限定された地区が地図上に指定されている。

チームワーク・イングルウッドのスタッフであるドラマー氏と非営利組織のデタメイドが、協力してシステムを構築し、ネット上で大規模空き地を地図上で探し、申請可能な仕組みを作り上げた。LISC シカゴは、資金面でボーイング社やナイト基金の支援を取り付けた。シカゴ市は、この仕組みを取り入れて、ラージ・ロット事業を進めていくこととしている。

シカゴ市が地区内での事業者と考えている主体は、以下の通りである。これらはすべて非営利組織である。

1) コミュニティ・インベストメント・コーポレーション（Community Investment Corporation）

シカゴ全域において、5 戸以上の世帯向け賃貸住宅の購入と修復に対して融資を行っている非営利法人である。GHN 地域のいくつかの建物の融資を実施している。

2）プリザベーション・オブ・アフォーダブル・ハウジング（POAH：Preservation of Affordable Housing）

　POAHは、1960年代にウッドローンに建設されたグロウブ・パーク（Grove Parc）住宅において、500戸のセクション8住宅を管理している。セクション8住宅とは連邦政府の政策による低所得者向けの住宅である。グロウブ・パークは、リニューアルされて、住宅、商業、レクリエーションなどの施設が混在している。

3）セント・エダムズ・リディベロップメント・コーポレーション（SERC：St. Edmunds Redeveloペアレント・メンターent Corporation）

　ワシントンパークを中心に住宅市場を活性化するために、SERCは、居住用不動産の所有権と管理を実施している。

4）グロウイング・ホームによるアーバン・ファーミングと就労支援

　グロウイング・ホームは都市農地の開発と農業による就労支援を行っている非営利組織である。

　GHN計画が、掲げているもうひとつの目標は、「生産的土地利用（reproductive land use）」である。シカゴ市開発局の調査によると、シカゴ市内の肥満の状況は、食品の入手の状況と関連することが明らかになった。

　それでは、次に、1ドルで変われた土地がどのように使われているかを見てみよう。

5.8　都市内の畑で職業訓練をするグロウイング・ホーム

　シカゴ市イングルウッドには、刑期を終えて仕事に就こうとする人々の職業訓練施設がある。職業訓練施設とは言うものの、訪ねて見るとそこは、農地だった。イングルウッドは典型的なサウスシカゴのコミュニティで、貧困率や失業率はシカゴ市の平均を大きく上回っている。1950年代にはシカゴ第二の商業地を抱えるにぎやかな町だったが、50年間の間に人口減少と犯罪の多発によってすっかり衰退した。GHN計画が、掲げている目標のひとつは、「生産的土地利用（reproductive land use）」によって、都市内農地を作ることである。シカゴ市開発局の調査によると、シカゴ市内の肥満の状況は、食品の入手の状況と

関連することが明らかになった。犯罪が多発し、人口が減少している地域は、購買力が低いためスーパーマーケットや商店が撤退し、貧困で車を持っていない人は遠くまで食料品を買いにいくことができない。このような地域によく見かけるのはファーストフードの店である。人口減少や購買力の低下により、商店やスーパーマーケットが撤退し、フードデザートといわれる状況になっている。買物困難の状況は、日本の中山間地域と似ている。野菜が買えないGHN地域は、すべて肥満の危険地域ともなっている。現在GHN地域には、4つの都市農地が整備されている。

グロウイング・ホームは、1990年代には、ホームレスの支援をする組織であった。2011年にイングルウッドに1ドルで土地を購入し、農園を作って、ホームレスや刑期を終えて出てきた人々に対して農業による職業訓練を始めた。その農地で触法少年や元受刑者など、社会的に排除されやすい人々の就業支援ト

写真-11 （上）グローイングホームの畑、
写真-12 （下）地域で野菜を販売している
（仁科撮影）

レーニングを実施し、新たな労働者として世に送り出している。地域の中核となって包括的な開発計画を推進するチームワーク・イングルウッドとの関係性は、イングルウッドが全体プランを策定するときにはグロウイング・ホームが、計画策定に参加する形で関わっている。これによってグロウイング・ホームは、LISCからの資金提供を受けて事業を運営している。

グロウイング・ホームが運営するアーバンファームでは、刑期を終えた人々に14週間の就業支援プログラムで新しく生きるためのスキルと農業を教えている。ここでは、2010年には、30人の訓練生を採用した。彼らは、午前中は畑に出て実際に働

き、午後には、園芸、土壌学、健康、栄養、そして、マーケティング、セールス等を教室で学ぶ。訓練生の多くは刑務所のソーシャル・ワーカーから紹介されて来ている。訓練終了後の定着率のよさの理由を尋ねると、「農業は厳しいため忍耐が必要だ。このため他の仕事に就いたときに農業で培った忍耐が生かされる」ということだった。ここでは、農業だけでなく、履歴書の書き方、面接の受け方を教え、訓練生たちが次のステップに進んで仕事に就くことを目標に掲げている。

2016年には、52人が14週間のプログラムに参加し、82%がプログラムを終了した。プログラム修了者のうち95%が仕事に就き、一ヶ月以上仕事が続いている者は97%である。農業の訓練を行うだけでなく、住宅、子育て、健康、高校卒業資格試験などその人に応じて、多様な支援を展開するため、刑務所で就業支援を行っていた経験のあるソーシャル・ワーカーを採用し、2017年40人がこの支援を受けることができた。また、15ケースにおいては、就職において不利な条件となる刑事記録の抹消をすることができた。

シカゴは、冬が厳しく農業に適さないため、冬場は訓練生をおかず、スタッフの研修期間としているということだ。

農業について全く知識がなかった訓練生も、半年後には、誇らしげにハウスの中で育っているパセリやトマトやバジルを見ることになる。これらの野菜は、

表-5 グロウイングホームの歩み

1992	シカゴ連合（Chicago Coalition）のレス・ブラウンがホームレスの人々に農業を通じて自信を回復し、手に職をつけて働き口を増やすというビジョンを提示
2002	9人がグロウイン・ホームに登録した。
2006	ウッドストリート都市農園の開発が始まり、イングルウッドがジョブトレーニングの本拠地となった。ここで、トレーニングプログラムが開発された。
2011	シカゴ市は新たなゾーニングを制定し、都農園設置に関する条例を設置した。オナーストリートにある二番目の農場オープン
2013	グロウイング・ホームは、バンク・オブ・アメリカによるAmerica Neighborhood Builders賞を受賞した。Chicago Neighborhood Development Awardsでは、シカゴ・コミュニティトラストの優れたコミュニティ戦略として選出された。
2014	グロウイング・ホームは、Cabrini Green Legal Aidとのパートナーシップによって、就職の障壁となる犯罪記録の抹消や、失業時の相談、住居、児童預かり、その他自立するための法的援助を提供している。
2017	ソーシャル・ワーカーを雇用

シカゴの高級住宅地であるリンカーン・パークの朝市で朝6時から売られる。訓練生は、朝からこの朝市の販売にも出かけて行く。14週間の間に、食品取り扱い責任者の資格を取得させるため、訓練終了後スーパーや食品店、飲食関係の仕事につく人が多い。

　人口減少により、空き地となった区画を農地に転換して、付加価値の高い野菜を育てると同時に、就業支援も行っていくという事業は、利益至上主義ではない。しかし、非営利組織ならではの自由な発想である。今後、人口減少社会に進んでいく中で空き地、空き家の活用は各地で必要になってくる。イングルウッドでは、就労支援と都市農業を組み合わせて一つのプロジェクトに醸成している。犯罪に巻き込まれやすい環境の中で、いかに就労スキルを獲得し、自分らしい生活を取り戻す機会を与えることができるかが重要である。このような発想は、地域の中で活動している組織であるからこそできることである。

　最近、グロウイング・ホームではソーシャル・ワーカーを雇用した。精神疾患や依存症など多様なニーズを抱える訓練生に対応するためである。ここには、農業を教えるスタッフ、ビジネスマナーや履歴書の書き方などのスキルを教えるスタッフが雇用されている。貧しさや、薬物依存症などから犯罪を繰り返す人々や、長期間刑務所で過ごした人々がいる。最近ソーシャル・ワーカーは、50代後半の元訓練生がアリゾナ州から出した絵葉書をもらった。そこには、「仕事をしたお金で、生まれてはじめてアリゾナにホリデイに来て、最高の気分だ。新しい自分を見つけさせてくれて、ありがとう。」と書かれていた。

5.9　1ドルで買った土地で非営利組織が遊び場作り

　キッズ・コーナは、暴力や虐待などによって傷ついた様々な年齢の子どもたちが、安心して時間を過ごし、成長していくための場や活動を提供することを目的に設立された非営利組織である。設立者のウィリアムス氏は、イングルウッドで子ども時代を過ごし、祖父母の家を相続していた。そこで、もと祖父母の家であった住宅の隣の敷地を子どもたちが安心して遊べる遊び場を整備するために、1ドルで購入した。整地するときには、重機を持った友人に頼んだ。その後近隣の住民や子どもたちに声をかけて、柵作りをした。土地を購入したら、

写真-13　購入した敷地に柵を作っている（撮影 Dellice Williams）

柵を作るという決まりになっている。子どもたちは喜んで色塗りをし、住民たちは草を引いたり、石ころを拾ってくれた。

　長い間廃墟や放置されていた土地を遊び場に変えるには、土壌検査をしなくてはならない。これに最もお金がかかる。ウイリアム氏は、現在、そのための補助金を探しているところだ。

5.10　イングルウッド警察との連携による地域安全のための取り組み

　イングルウッドは、シカゴ警察の管理下では第7管区と呼ばれている。3年前にジョンソン氏が所長に就任した。ジョンソン所長へのインタビューによると、現在イングルウッドに配置されている警察官の7割はアングロサクソン系である。アメリカでは、警察官によるマイノリティへの暴力や殺人が大きな問題となっている。所長は、住民と警察との関係を修復することが大切であると考え、警察官が地域の子どもたちと一緒に参加できる野球チームを組織した。現在イングルウッドには、一人のオフィサーに1チームとして6つの野球チームができている。

3年前には、地域内の公園で遊んでいる人は見かけることがなかった。現在では、盛んに野球の練習が行われている。また、警察官たちは子どもたちとネイビーピアに出かけたり、地域の空き地にゲーム機を搭載したバスを持っていって家の外で遊ばせるようにしている。特に銃撃等があると、その場所の近くの空地に出かけて、子どもたちと遊ぶ取り組みをしている。

　夏には、バスケットボールのトーナメント、ピースイベントを実施している。冬は1月、2月の寒い時期に犯罪が少ないが、夏は犯罪率が高いため、夏の余暇の充実を狙っている。この取り組みは、警察官と住民との関係性の改善及び向上、地域の見守りの意味がある。

　イングルウッドは、殺人を含む犯罪率の最も高い地域の一つとして知られているが、大規模な組織犯罪はあまりなく、ギャング同士の小競り合い等によって銃撃が生じる。最近はSNSによって流された情報によって、銃撃による死者が発生している。SNSによるトラブルが近年の特徴であるという。第7管区では、ギャングの脱退や抗争の防止のために個々の住民に働きかけている。

5.11　非営利組織が空き店舗を使ったクサンヤ・カフェをオープン

　2013年11月、空き店舗をリノベーションしてクサンヤ・カフェがオープンした。地域に集いの場を形成することによって、地域の人々がつながり、地域自体を変化させていく。クサンヤ・カフェは、コーヒー、朝食、終日ランチを提供している。また、地域社会や芸術のイベントを開催し、職業訓練や見習いも実施している。クサンヤは501（c）（3）に基づく非営利組織で、コーヒーの販売と個人の寄付と小規模な補助金によって支えられている。人々が集える場所、コーヒー、食べ物を提供し、コミュニティに資することを目的としている。このカフェができるまで、イングルウッドには、座ってコーヒーが飲める場所も朝食が食べられる場所もなかった。すべては、地域の荒廃によって、失われていたのである。カフェは、地域の就労の場でもある。

　クサンヤ・カフェでは、様々なイベントが開かれる。野菜の市場、土曜日のヨガ、ナイトマーケット、アートイベント、文化イベント等が開催されるが、ユニークなのは、一人7分間の持ち時間で自分の経験を話すストーリーテリン

5章　人口減少、地域の荒廃と闘うイングルウッド　103

写真-14　クサンヤ・カフェ（仁科撮影）

グである。クサンヤ・カフェのイベントを通じて、地域の人々のつながりが再び生まれつつある。

5.12　イングルウッド再生の特性
　　　　――パートナーシップと触媒型コミュニティ・オーガニゼーション――

　イングルウッドでのコミュニティ・プラクティスは、クオリティ・オブ・ライフ・プランに則って、計画された事業を着実に実施している事業推進力がひとつの特徴である。この方法は、行政、警察とのパートナーシップ、専門組織や他の非営利組織との連携や誘致といった他組織との連携を基本に事業を実施し、チームワーク・イングルウッド自体は、資金調達、他組織が動きやすいように地域を調整する触媒機能を持っている。つまり事業推進と触媒がこの組織の特徴的機能である。また、この地域で活動するほとんどの機関が利益を得ることを主たる目的としない組織である。

　地域の課題を解決し、地域に資する事業とサービスを多角的に展開するという目的のために、多様なセクターや組織と連携して活動を続けている。その活動は、住民の組織化や社会変革に加えて、地域ビジネスの色彩が濃い。

ここでは、組織の機能的側面、役割から、触媒型の組織としての特徴を整理しておく。まず、経営的側面から言うと、2017年にチームワーク・イングルウッドは、それまでかかわっていたホール・フーズ・ストアの誘致事業から手を引き、GEDCが経済開発を行うとして役割を分けている。GEDCもチームワーク・イングルウッドも、非営利組織（not for profit organization）501（c）（3）[14]の認定を受けている。チームワーク・イングルウッドは、クオリティ・オブ・ライフプランの策定と進行管理、事業資金の獲得を中心業務とし、非営利組織、行政、民間企業との連携によって地区の社会経済的再生を進めてきた。市場が投資をしない地域において、コミュニティ・オーガニゼーションが市場と政府とコミュニティの三者の間で調整を行っている（米澤 2017）と考えると説明がつきやすい。チームワーク・イングルウッドは、自らを触媒型のコミュニティ・オーガニゼーションと呼んでいる。

このように、人口減少によって市場が機能しなくなった地域に、再び人々の生活をとりもどすためには、チームワーク・イングルウッドのような、調整の機能や、営利を求めることを第一義的な目的としない主体による介入が不可欠である。人口減少地域において、顕著に現われるのは、空地、空家の増加と、所有者の不在や代替わりによって、固定資産税未納となってしまう状況である。

そして、スーパーマーケットや個人商店が撤退していくため、住民が生活するために、必要なものは欠乏する。著しい人口減少の結果として、住宅、土地市場が崩壊し、購買力の減退により市場が成立しなくなっている。現在この課題に取り組んでいるのは、パラダイム転換に対応した市の計画と営利を目的としない活動である。土地や住宅からプロフィットを求めない、事業からの収益を第一義的な目的としない主体によるてこ入れと土地、建物の価格が著しく低額であることをメリットに事業展開することができる主体を誘致する必要がある。つまりビジネス・マインドを持つ非営利主体というものが触媒となってい

---

[14]（3）は非営利組織の中でも宗教、教育、慈善、科学、文学、公共の安全検査、アマチュアスポーツ競技の振興、子どもまたは動物に対する虐待の防止のいずれかを目的とした団体（Religious, Educational, Charitable, Scientific, Literary, Testing for Public Safety, to Foster National or International Amateur Sports Competition, or Prevention of Cruelty to Children or Animals Organizations）として、連邦所得税を免除される団体。免除団体には（1）〜（29）が規定されている。

る。過去の再開発事業の失敗を教訓として、土地のキャピタルゲインや建物の床からの収益を性急に求めるのでなく、まずは地域住民の生活の改善を考え、営利を求めずに計画を進めている。シカゴ市のGNPは、住宅戸数を減数し敷地面積を広げることによって居住環境の改善を目指す。たった1ドルで土地を売却するが、所有者ができることによって、固定資産税収入が確保できる。非営利組織がこれを購入した場合は、地域住民に必要な何らかのサービスが展開される。このサービスの内容は未知であるが非営利事業者の資金調達は民間助成財団や宗教組織から成されるため、地域住民にサービス購買能力がなくても事業は成立するうえ、初期投資を著しく低減できる。このため、あらゆる非営利組織にとって、地域参入へのハードルが低くなっている。このような非営利地域ビジネスの基盤整備と調整が触媒型組織の役割である。

　本章は「アメリカ人口減少都市地域における衰退とソーシャルエクスクルージョンの過程」（仁科 2017）を修正、加筆した。

6章　住民のエンパワメントから見たコミュニティ・オーガナイジング——レッドライニング反対運動からペアレント・メンターまで——

　シカゴ市ローガンスクエアのコミュニティ・オーガニゼーションであるローガンスクエア・ネイバーフッド・アソシエーションは、50年以上地域組織化を行ってきた。この中で25年前に始めたペアレント・メンター・プログラムによる移民女性の小学校での学習サポート活動に着目し、この活動に参加した後、社会的、経済的エンパワメントを獲得していると考えられる女性たちにインタビューを行って、ディスエンパワメントから、エンパワメントにいたるまでのプロセスの中で、影響を与えている活動の内容や介入の方法について考察した。

　この結果、まず、移民が出身国で培った社会的地位や教育が、アメリカ社会においてその価値を認められず、底辺労働に従事する生活の中でディスエンパワメントが進むこと、及び、10代における妊娠や高校の集団からの離脱によるディスエンパワメントが起こっていることが明らかになった。

　エンパワメントは、対象となる人々の位置する文化的、経済的、社会的背景によって到達目標やアプローチは異なる部分がある。ここでは、主にアメリカの中西部におけるラテン系の女性移民のエンパワメントについて取り上げている。

　ディスエンパワメントからエンパワメントに移行するためには、3つの重要なキーがあった。

6.1　ローガンスクエアの町

　ローガンスクエアは、農地として開発された。農家は、シカゴの中心部から北西に向かうインディアン・トレイルであるミルウォーキー・アベニューを通って市場に生産物を運ぶことができた。インディアン・トレイルとは、後に入植

6章　住民のエンパワメントから見たコミュニティ・オーガナイジング　107

表-6　ローガンスクエア基本データ

人口	73,702
世帯数	28,768
人口減少割合 （2000～2010） 〈シカゴ市全体〉	-12.0% 〈-6.9%〉
人種　ラテン 　　　白人	46.9% 43.6%
年収中央値	$59,216
年収$25,000以下	22.1%
失業率2015 〈シカゴ市全体〉	6.1% 〈12.1%〉

資料：US Census, 2015 American Comminity Survey.

図-14　ローガンスクエアの位置

者が建設した道路が碁盤の目のように東西と南北に走っているのに対して、斜めに走っている道路のことである。インディアン・トレイルは、シカゴが開発される以前から、アメリカン・ネイティブスが使っていた道が発展したものである。

　1871年のシカゴ大火のあとローガンスクエアは急速に発展する。建築規制によって、シカゴの中心部では、耐火建築物以外の建物が建設できなくなったのに対して、ローガンスクエアはその制限区域から外れていた。このため、大火で住宅が不足していたため、工期が短くコストも低い木造住宅が大量に建設されたローガンスクエアに人口が流入した。第一次大戦後には、さらに爆発的に人口が増加し、1930年代にピークを迎えた。ミルウォーキー・アベニューの鉄道をアーミテージ、その後ベルモントに拡張したことで、ドイツや北欧からの移民はますますシカゴの北西方向に移動し、ローガンスクエアに入ってきた。こうして、ローガンスクエアは、白人労働者階級の町になった。

　現在のローガンスクエアは、民族的、経済的多様性を特徴として発展している。20世紀後半に、南アメリカの政変や同じ大陸にある貧困なメキシコから多くのラテン系移民が流入するようになった。アメリカの国土全体で、ラテン系移民が急増しており、メキシコ系移民が増えている。サミュエル・ハンチン

トンは、「メキシコからの移民は、アメリカが1830年代と40年代にメキシコから武力で奪った土地を人口学的に再征服する方向に進んでおり、地域は、メキシコ化している」としている (Huntington 2004)。また、ハンチントンはメキシコ移民がこれまでの移民と異なる点について次のように述べている。まず、メキシコはアメリカ合衆国と陸続きであるため、これまでの過去の移民のようにニューヨークから何千キロの海原を越えてやってくるものではないこと、人口学的に圧倒的に数が多いこと、不法移民が多いこと、局地的に集中すること、持続的であること、他の移民と比較しても貧しい移民が多いこと、他の民族との通婚が少なく、メキシコ文化を継承すること、第三世代移民になっても他の国から来た移民のように英語を話さずスペイン語を話す移民が多いことをあげている (Huntington 2004)。

ローガンスクエアは、ラテン系移民が多い地域であり、中でもメキシコ系移民が多い。1990年までに、ラテン系移民は地域の人口のほぼ3分の2を占め、プエルトリコ人、キューバ人、中南米人、かなりの数に上るメキシコ人によってコミュニティが形成されている。これに加えて、ローガンスクエアでは英語とスペイン語に混じって、ポーランド語が聞こえることもある。シカゴでは民族の多様性に富む地域であるといえる。

都市に住むことを好むヤング・プロフェッショナルたちは、ミルウォーキー・アベニューの大通りに沿って物件を購入し、これを修復して暮らすようになってきた。また、コミュニティ南東部のバックタウン地区は、古くからアーティストが暮らす地域となっている。

ローガンスクエアは、人種という側面からも、経済的な差という側面からも多様性のある地域であり、大通りに面して立ち並ぶ店舗は、スターバックスではなくカフェ・コン・ラチェ (Cafe con Leche) といったスペイン語の名前が付いている個性的な独立系のカフェや、ベーカリー、新しくオープンしたアジア系レストランや雑貨屋と古くからある1ドルショップやファストフードショップなどが混在している状況である。ここ数年間は、古くからある店が、ジェントリフィケーションによって立ち退き、空き店舗も増えている。

6.2 ローガンスクエア・ネイバーフッド・アソシエーション（Logan Square Neighborhood Association: 以降 LSNA と表記）の取り組み

　ローガンスクエアとともに半世紀を歩んできたLSNAの取り組みを振り返ることは、ローガンスクエアの50年間の歴史を振り返ることでもある。1962年に保険会社のレッドライニングに対抗するため設立され、ローガンスクエアとラスロップホーム地区の多民族コミュニティに非営利組織として多様なサービスを提供するようになった。

　地域におけるLSNAの役割は、隣人、学校、企業、社会福祉機関、教会等の宗教的コミュニティ、およびその他の組織のネットワークを構築し、人々が、多様性に富んだ安全で、アフォーダブルな地域に住み、働き、学び、成長するために、コミュニティを強化し、維持することである。近隣地域の住民は、教会、学校、ブロッククラブ、ハウジング・アソシエーション、社会福祉サービス機関などにも所属しているが、LSNAは地域の数千人の住民がメンバーとなり、LSNAはこれらの人々を代表している。LSNAのメンバーは男性、女性、若者、老人、ラテン系、アフリカ系アメリカ人、白人など多種多様で、所得は中程度から低所得者まで多様性に富んでいる。ほとんどのメンバーが、スペイン語と英語のふたつの言語の一方または両方を話すことができる。LSNAは、このような多様性に富む地域の中で、アフォーダブル住宅供給の推進、学校改革、賃金労働の改善、土地利用とゾーニング、経済発展、医療など、生活に影響を与える重大な地域社会の問題を特定し、戦略的に取り組んできた。

　LSNAは、毎年総合計画（Holistic Plan）を立案し、これに基づき、活動を実施している。この計画は地域の人々の参加によって毎年改訂され、コミュニティの重要な課題とその対応を盛り込んでいる。以下にLSNAの総合計画書の中から過去の地域の課題と取り組みについて概観する。

　地域の課題のひとつの大きな柱はハウジングである。設立当初は、保険会社のレッドライニングへの反対運動からスタートし、持家取得のためのコンサルティングや、低所得の家族が、セクション8住宅に入居するためのサポート、賃貸住宅居住者の組織化などを支援してきた。1990年代以降、地価の上昇が問題となり、低所得から中間所得者層に対するアフォーダブル・ハウジングが

重要な課題である。

　また、LSNA の活動の中で、次に大きな柱は、教育である。LSNA の活動は、地域と学校とのつながりを重視し、親たちの中から授業についていくことができない生徒のサポートを行うペアレント・メンターを養成してきた。そして、地域の公立学校を中心として、コミュニティのストレングスを養うことに取り組んできている。LSNA がはじめたこの事業は、ペアレント・メンター・プロジェクトとして全米に知られている。

　LSNA の取り組みの 3 つ目の柱としてコミュニティ・ビルディングに力を入れている。端的に言うと、住民の組織化を行ってきた。2000 年ごろには、ブロッククラブの組織化を行っている。ブロッククラブというのは、住宅地で 4 面を道路に囲まれた住宅地をひとつのブロックとして、そのブロックの人々を組織化し、地域の安全や助け合い活動、美化運動などを行う組織である。ブロッククラブ以外にも、コミュニティのストレングスと住民のエンパワメントのため、住民組織化の支援を実践してきた。たとえば、高齢者が郵便局のサービス向上を要求したり、子どもたちが学校の食堂の充実を求める要求活動等、生活に身近な課題への取り組みを LSNA が支援してきた。教育の充実やこれに対する補助金の獲得といった課題に対しても、地域住民を組織化し、ソーシャル・アクションとして政策を動かしていくのが LSNA の得意な手法であり、強みである。

　ローガンスクエア地域では、移民の増加により、雇用環境にも変化が現れてきた。雇用の充実のための講座やスモールビジネスオーナーの支援、雇用開発にも取り組んできた。LSNA の活動計画書を紐解いてみると、2000 年の計画書には、はじめて移民問題が柱として盛り込まれた。それまでも、LSNA は移民の代弁者としてサービスや情報提供を実施し、移民の家族やコミュニティの安定性をサポートしていた。合衆国への入国の正式な書類のあるなしに関わらず、人間としての移民の生活をサポートしてきた。しかし、改めてこれを大きく取り上げるようになったのは、地域おけるヒスパニック系移民の増加が背景にある。英語が話せるようになり、教育を受けることが移民として成功する道である。このために、LSNA は、2000 年の計画書において、以前よりさらに、教育に力を入れる方向性を示している。

ミルウォーキー・アベニューに面して立っている LSNA のオフィスは地域に開かれており、その活動資金の約半分はローカルビジネスや、人々からの寄付によって賄われている。地域の課題に取り組む際には、必ず地域の既存組織や住民と一緒に話し合い、資金を獲得し、あるいは、運動を立ち上げていく。この取り組み方は、ひとつのコミュニティ・オーガニゼーションの原型である。

6.3 ペアレント・メンター事業

ローガンスクエア・ネイバーフッド・アソシエーションの取り組みの中でも教育事業は重要な位置づけを占めている。

ラテン系移民は 20 世紀以降の新しい移民であるが、過去の移民たちが抱えていたのと同様の問題を抱えている。言語の違いから子どもたちが学校の授業についていけないことや、退学率が高いこと、高等教育への進学率が低いことである。親世代も言語の問題から、教育の有無にかかわらず、正規の雇用や十分な賃金が支払われる職業に就くことが難しい。

ペアレント・メンター事業は、地域の公立小学校において、授業についていくことが難しい子どもたちの隣に座り授業を助ける取り組みである。ひとつの小学校に概ね 10 人一組の母親グループを組織し、メンバーのうちコーディネーターがクラス担任と調整して、ペアレント・メンターを教室に派遣する。この取り組みは、1995 年、小学校の校長が、毎日子どもたちの送り迎えに来る母親たちが友人もなく家に帰るとスペイン語のテレビ番組をみて迎えの時間までをすごしていると知り、LSNA に相談を持ちかけて教室での手伝いをするようになったことがきっかけで始まった。1995 年から現在までの間に約 15,000 人のペアレント・メンターが事業に参加した。

ペアレント・メンターは、月曜から木曜日まで週 4 日間派遣され、金曜日にはペアレント・メンター自身の研修を行う。研修は、LSNA が企画した教えるスキルの向上や自己研鑽的な内容のものもあるが各小学校に配置されたコーディネーターが自分で企画するものもある。2018 年現在、ローガンスクエア地区の小学校のうち、8 校が参加している。LSNA は、正式な入国の書類の有無にかかわらずラテン系移民を支援する立場をとっている。そのため、スペイ

ン語を母国語として話す子どもたちの学習支援と同時に、移民の母親たちが、リーダーシップを開発することや地域に参加することを重視している。それは、LSNA が行っている事業の内容から見ることができる。地域で人材を探し出し、演劇や楽器やダンスや料理やスポーツや学習会などの講師として採用し、子どもたちのアフタースクール活動のために開催するため、LSNA が力を入れている事業のひとつである。そのために、補助金を確保し、コーディネーターも雇用している。

　子どもの学習だけでなく、母親の学習にも力を入れる。多くの移民が英語を話せないことから、語学の習得を支援している。

　また、LSNA は母親たちと一緒に政治活動も行う。ペアレント・メンター事業や、公立学校の補助金に関する情報は、関係する母親たちと共有して、補助金の要求や教育の改善要求を行うために州議会が開かれるスプリングフィールドにバスに乗って出かけていき、シカゴ市庁舎にプラカードを持ってデモに行くといった活動を行う。LSNA は、ペアレント・メンター派遣のための補助金の要求運動を実施してきた。最初ペアレント・メンター事業は、民間の助成財団であるアメリコープの助成によって、ペアレント・メンターに対する1人600ドルの謝礼金や、コーディネーターの給与などを支払ってきた。その後はイリノイ州に要求を行って補助金を得ていたが、2015 年に州知事が代わり、州は補助金を出し渋っている。このため、ペアレント・メンター事業の継続に支障が現れてきた。LSNA は、メンバーを動員してスプリングフィールドにデモに行く。

　ペアレント・メンターを経験したことをきっかけとして、バイリンガルの教員になろうと志す女性達がいる。高校や大学に入学する人々の支援するために、大学の講座を地域の小学校に持ってきて出前で授業をするように要求し実現してきた。バイリンガル教員の養成は、現在では州の事業となっている。ペアレント・メンター経験者の中から何人ものバイリンガル教員が生まれている。この事業は、Grow Your Own Teacher（以降 GYOT と省略する）と呼ばれている。

　LSNA は度々母親たちと一緒にワークショップを行うが、移民のおかれている立場や、地域にどのような課題があるか、自分自身の目標は何かなどのテーマを提供して参加者にディスカッションして学ばせる。また、LSNA は制度や

支援に関する情報提供も行っている。例えば、イリノイ州には、子どもの公的健康保険制度が整備されているが、これを知らない家族も多い。LSNA には、この健康保険の普及や申し込みの仕方をスペイン語で教えるコーディネーターがいる。法的な支援を必要とする場合は弁護士や相談窓口につなげる。

本章では、ペアレント・メンター事業に参加したことで、底辺労働や家庭に引きこもった生活をしていた移民女性たちが再びパワーを獲得する過程に着目している。

6.4　ローガンスクエアで注目すること

エンパワメントは、ジョン・フリードマンやソロモンの定義にあるように、力を剥奪された状態、あるいは、力（権力の基盤）へのアクセス機会がない状態に対して、権力の基盤への接近の機会を得ることによって、意思決定の過程から排除されていた人々が自ら力を獲得する道を拓くこととしている（Friedman 1995, Solomon 1976）。ここでいう「権力への接近」や「意思決定」は、ソーシャルワークによってアプローチする対象や地域によって異なり、地域の社会的状況、文化、習慣などにも影響を受ける。したがって、対象が変われば、どんな権力にどのように接近するか、どのような意思決定に参加するかは変化する。対象者や対象地域に暮らす人々が、どのような状況になった場合にエンパワメントといえるかは異なる。そこで、本章においては、シカゴ市ローガンスクエア地域で、近隣地域の小学校における授業内での子どもへの学習支援活動であるペアレント・メンター事業に参加した女性に対して実施したアンケート調査とインタビュー調査から、アメリカにおいて移民として暮らすラテン系移民女性のエンパワメントが、どのように進むかについて考察する。

6.5　ペアレント・メンターの経験を語る

2014 年から 18 年にかけて、ローガンスクエアにおいて、移民女性のエンパワメントとコミュニティ・オーガナイゼーションの関係について研究を行った。本項ではその結果から、力を奪われた状態からの回復について述べる。

10人のペアレント・メンター経験者（表-7）に対して行った研究の結果をグランデッド・セオリー・アプローチ修正版によって、パワーレスな状態に追いやられている女性のエンパワメントについて分析した（仁科 2019）。

インタビュー対象となった10名は、教員、コミュニティ・オーガナイザー等の職業について地域のために働いている。1名はバイリンガル教員として地域の小学校に勤務、1名は無給であるが小学校の運営委員として会長の地位についていた。10名のうち8名はラテン系である。2名は幼少期にアメリカに来たラテン系、1名はアフリカ系アメリカ人（ネイティブ）、1名はアフリカからの移民、6名は成人してからシカゴに来たラテン系の移民であった。10名のうち2名は10代の妊娠によって高校中退していた。10名のうちペアレント・メンター事業の経験後、言語の習得のため新たに学校に通ったものは8名である。

以下に、インタビュー結果を記述する。

表-7 インタビューの対象者

	基本属性			現在の職業、役割
	出身国	スペイン語	英語	
A	メキシコ	○	△	コミュニティ・コーディネーター
B	アメリカ	×	○	コミュニティ・コーディネーター
C	メキシコ	○	△	レセプショニスト
D	エクアドル	○	△	コミュニティ・コーディネーター
E	ナイジェリア	○	△	コミュニティ・コーディネーター
F	アメリカ（移民二世）	○	△	ヘルスプロモーション
G	メキシコ	○	△	コミュニティ・コーディネーター
H	メキシコ（3歳で移民）	○	○	バイリンガル教員
I	メキシコ（7歳で移民）	○	○	コミュニティ・コーディネーター
J	メキシコ	○	×	ランチ・レディ 小学校コミュニティ・ボード会長

注）○＝ネイティブスピーカーと同等、△＝仕事を遂行することが可能、×＝挨拶や簡単な会話のみ

（1） Aさんの話

Aさんは、初期のペアレント・メンター（以降ペアレント・メンターと省略表記）の一人である。現在22歳の息子がPre-K[15]のときから始めて、コーディネーターを経て、現在はペア

---

15) アメリカ合衆国の5歳未満の学校教育（Pre-Kindergarten）

レント・メンターの教育に携わっている。

　息子に障害があったため、私は頻繁に教室に行っていた。その中でペアレント・メンターを知り、参加するようになった。
　ペアレント・メンターを経験したことは、自分自身の息子の教育にも多くの利益があった。息子の障害のための情報や教育などについても多くの情報を得ることができた。クラスの中には、診断されていなくても障害のある児童、生徒がおり、授業についていくことが難しいと思われることも多い。
　ペアレント・メンターには、いくつかの役割がある。必ずしも教室で教えるわけではない。ペアレント・メンターは英語のわからない生徒をサポートすることもあるし、教師が、グループを回って指導するときに別のグループの面倒を見ることもある。ペアレント・メンターであったときには、エプロンをかけて、教室に入るが、このエプロンのポケットの中には、消しゴムや鉛筆、その他の文具を入れていた。鉛筆さえ持たずに学校に来る子どもも少なくなく、教員が、さあ、鉛筆を出してといっても出すものがない。そのとき私が行って、鉛筆を差し出すと子どもはうれしそうにする。そして、何度も借りているうちに自分の文房具を持ってくるようになる。集中力が足りない生徒には、「今、ここを説明しているよ」と示してやることもある。いかにして、先生を助けるかに心を砕く必要があるし、生徒の立場に立ってサポートすることも重要だ。

　ペアレント・メンターのメリットは、仲間ができるということである。また、LSNAを通じて、さまざまなインフォメーションを得ることができる。自分が何らかの社会や学校や地域の役に立っているということが重要である。
　ペアレント・メンターは、100時間以上訓練して漸く謝礼がもらえるようになる。それまでは、ボランティアとして参加する。最初のうちは、訓練だと思って参加しているし、現在では、金曜日ごとにトレーニングを実施している。
　ペアレント・メンターにはかなり厳しい決まりがあり、始めるときには、誓約書にサインをする。時間通りにきちんと持ち場に着くことや、ゴシップ

を流布しないことなどは特に重要な決まりである。

　ペアレント・メンターは、コミュニケーションスキルが重要である。教員のクラスマネジメントを助ける役割でもある。

　学校の中でペアレント・メンターをまとめていく役割にコーディネーターがある。コーディネーターは、学校、教員、生徒、ペアレント・メンターどうしをつなぐ役割を担う。私自身がペアレント・メンターであったときのコーディネーターは、非常に厳しかった。3回遅れると、規則どおりにペアレント・メンターの資格を取り上げ、「もうこなくていいよ」といわれた。私自身がコーディネーターになったときは、ペアレント・メンターの話をじっくり聞くことと、教員が何を求めているかに耳を傾けた。コミュニケーションスキルがとても重要だ。

　また、ペアレント・メンター自身の話にも耳を傾ける。私がコーディネーターをしていたとき、とても権威主義的な夫のいるペアレント・メンターがいた。ペアレント・メンターの集まりに出かけようとすると、「またでかけるのか、家のことをきちんとやってればいいのに」という。あるとき、この夫がペアレント・メンターの集まりに来る妻を送ってきた際に、私は「あなたも一緒に参加したらどうですか」と誘った。夫は、その時には居心地悪げだったが、その後妻の活動に理解を示すようになり、今ではペアレント・メンターの集まりやさまざまな行事で運転が必要なときや、力が必要なときに一番に助けに来てくれる。

　ペアレント・メンターとして働くことによって、自分の子どもとの関係が改善される、学校で起こっているさまざまなことがわかる、自分の子どもの教育に対するコミットメントのあり方が変わる。そして、教育に関心を持ち、新しい可能性に向かってモチベーションが開かれる。

　ペアレント・メンターとして働いているときに、受け持ちの教室の先生から「あなたには教える才能があるから、教員になったらいいのに」といわれ、

グロウ・ユア・オウン・ティチャー（Grow Your Own Teacher[16]，省略形 GYOT）の制度を使って学校に行き、資格をとった。昨年、産休の補助教員になるチャンスが巡ってきたときには、母の看病をしていてその機会を生かす事ができなかった。このため、現在は、フルタイムの職業には就いていない。しかし、今後は地域の中で、バイリンガルの教員として働いていこうと考えている。

(2) Bさんの話
20年前、最初のペアレント・メンターとして登録した一人である。

1995年私は、3人の子どもを連れてローガンスクエアに移ってきた。サウスシカゴのアフリカ系アメリカ人地域に生まれ、シングルマザーとして子どもを生み、家賃の安いローガンスクエア地域に移ってきた。誰も知り合いがなく、誰か知り合いがほしかった。当時のローガンスクエアは、90％がラテン系の居住者で占められ、言葉も文化も何もかも私にとっては新しいものばかりだった。

ある日学校に行ってみると「ボランティア求む！あなたが必要です！」「コミュニティについて学ぼう！」という張り紙があった。私は、当時とてもシャイだった。こんな複合的な文化を持った地域に住んだのは初めてであったし、言葉もわからない。でも、思い切ってボランティアに参加してみようと思った。コミュニティについて学びたかったから。

そこには、60〜70人の親たちが集まっていた。自分以外全員がラテン系の移民のようで、言葉もスペイン語ばかりでさっぱりわからなかった。帰りたかったが、シャイだったので席を立って帰ることができなかった。

そこで、オーガナイザーが私たちに尋ねた。「家族や、コミュニティや、子どもでなく、10年後にあなたはどうなっていると思いますか？あなたの

---

16) GYOTは、地域でバイリンガルの教員を育てるために、地域の小学校などで夜間に開講される教員養成のコースである。このコースの設立は、ペアレント・メンターの事業を通じて参加者から教員になりたいとの要求が生まれ、LSNAのサポートによってなされた。現在では、イリノイ州の補助事業として州全体に拡充されている。

夢は何ですか？」私の夢なんて考えたこともなかったけど、それを聞かれてはじめて、自分について考えるようになった。

　私の夢は、土曜日の午後に1.5エーカーの庭がある家のポーチに座って庭を眺めることだった。まだ、いまだにそんな庭のある家は手に入れていないけど、それが私の夢だったし、これからもそうだ。ペアレント・メンターの研修では、みんなが自分の夢を実現するための計画を立て、それが実現できているかどうかを確認する。

　そこで私ははじめてみんなの前で話すということを経験した。

　ペアレント・メンターは、親、校長、先生、生徒、みんなにとってのチャレンジだ。私も最初に先生と話すときには緊張した。先生だって、親が教室に入るということについては、緊張したと思う。自分の教え方について親がどう思うか、自分のことを好きになってくれるかと考えるだろう。

　私は、きちんとした教育を受けたわけではなかった。私は、16歳で最初の子どもを妊娠し、高校から脱落した。典型的な若いシングルマザーだった。高校を中退した自分が、学校でペアレント・メンターとして受け入れられるのだろうか、自分に子どもたちのサポートができるのだろうかと心配だった。

　私がローガンスクエアに来たころには、学校の回りは朝から渋滞していた。学校に子どもを送ってくる親の車でなく、朝から車の中で売春行為が平然と行われているような地域だった。そして、4つのギャング組織がそれぞれの縄張り争いをしており危険だった。このため、私たちは、パトロールを始めた。1996年にはモトローラが寄付金をくれて、オレンジ色のベストを着てトラシーバーを持ってパトロールするようになった。すると、ほかの親たちが、「何をしているの？」とたずねてくるようになり、これまでボランティアに参加していなかった親たちも参加するようになった。

　ペアレント・メンターは、子どもたちの授業中のサポートだけでなく、地域の安全や、宿題のサポートや、スポーツやアフター・スクール・プログラムが必要だったが、これにお金を出せる親はほとんどいなかったため、寄付を集める必要があった。あるとき、私がある散髪屋に寄付をお願いに行くと、「あんな危ない学校に誰が寄付をするんだよ」と一笑に付された。このとき、私は、「どうしてもこの学校を良くして彼を見返すわ！」と誓った。

10年前の自分はどうだったか。

　私は、1.5エーカーの庭のある家は手に入れていなかったが、仕事をしていた。ある時、コンドミニアム改装会社がやってきて、コンバージョンするから移転してくれといわれた。このため、補償金をもらって、ローガンスクエアからは出て、ノースローンディールというアフリカン・アメリカンのコミュニティへ引っ越した。子どもたちは転校し、新しい学校に行くようになったけど、厳しく躾し続けた。ラテン系の地域で育った子どもたちは、新しい土地では、話す言葉は違うし、いったいどこから来たんだと聞かれていた。

　1998年に、卒業していなかった高校へ行くことにした。ペアレント・メンターをはじめてから3年後のことだったけど、このことは、その後の自分の職業領域をとても広げてくれたと思う。高校を卒業した後は、コンピューターのクラスを取って、そこからは、別のコミュニティ・オーガニゼーションにおいてパートタイムで働いた。そこでは、スペイン語しか話せない女性とペアでパートタイマーとして7年間働き、その後退職して一ヶ月間休みをとった。その間に今のコミュニティ・エイジェンシーが人材を公募していたので、もう一度彼らと働きたいと思って公募した。すると、Sさん（コミュニティ・エイジェンシーのボス）が電話してきてうちで働きたいの？というのでYES！と返事して以来、ずっとここで働いている。

　なぜ自分がここまでやれたかということを考えてみる。

　何が自分に自信をつけさせてくれたかを考えてみると、最初は、「先生と話す」「校長と夜学校に集まりたい親のために学校を使用させてくれるように交渉する」といった、小さなステップを積み重ねるうちに、徐々に話せるようになった。そして、小さな成功を積み重ねるうちに、自信が生まれてきた。

　ペアレント・メンターはすぐにとても人気のある成功したプロジェクトになったので、最初のペアレント・メンターとして、人前で話す機会も与えられた。これがとてもよかった。人前で話せることや、自分の経験が貴重なものとして扱われて自信や自尊心が育っていき、これらのことが今の自分を形成していると思う。

　仕事を始めると時にはビジネスマンと対等に話をする必要もある。それま

でビジネスマンなんかと話したこともなかった。きちんとした英語を話す、ビジネスマンと話すことは初めてだった。寄付金を集めるために、彼らとも話をする必要があった。そこで自分の目的を果たすということが非常に重要だった。そういう小さな成功が私の今を作ってきたと思う。

(3) Cさんの話

移民第一世代の女性。最初は、英語が一言も話せない状態からスタートした。現在、コミュニティ・オーガニゼーションのレセプショニストとして働きつつ、Grow Your Own Teacher のプログラムにより、教員になるための大学のコースを受講中。

2004年に初めて、モンロースクールのキンダーガーデンでペアレント・メンターを始めた。ペアレント・メンターをはじめて思ったことは、25人の子どもを一人の先生で面倒を見ることはムリだということだった。ペアレント・メンターはローガンスクエアだけでなく、どこの学校でも必要だと思う。

私が、ペアレント・メンターを始めたときには、英語は全く話せなかったのよ。信じられる？ペアレント・メンターをはじめて、英語も習ってこのとおり話せるようになったの。

私には、9年生、8年生、キンダーガーデンの3人の子どもがいる。私の母は、家で母親さえやっていればいいんだよ。仕事なんてできないよという考えだったのだが、ペアレント・メンターに参加して、それは違うとわかった。既に同じラテン系の移民女性として立派に働いているMさんやLさん をみて強くそう思うようになった。みんな子どもがいるけど仕事もしている。子どもたちもとても立派に育っている。

ペアレント・メンター事業に参加後、2005年から2年間は、ヘルスプログラムの補助金による仕事を始めた。これは期限付きの補助金なので、2年間で終わり、私にはもう仕事はないかなと残念に思ったら、次にコミュニティ・オーガニゼーションのレセプショニストの仕事をしないかと誘われた。それで、今の仕事は2007年からやっている。

6章　住民のエンパワメントから見たコミュニティ・オーガナイジング　121

　将来は、小学校の先生になりたいと考えており、パートタイムで Grow your own teacher のコースを取っている。一番下の子どもがもう少し大きくなったら、フルタイムでコースを履修し、小学校の先生を目指すのが現在の目標である。

　コミュニティ・オーガニゼーションで働くようになってから、コンピューターも覚えたし、英語もずいぶん話せるように勉強した。常に小さな目標を設定し、それを達成していくことに喜びを覚えている。

　MさんやLさんが自分の目標であり、彼らのようになりたい。Mさんは特に自分自身のメンターでもある。

　夫も自分が目標を持ち、働くことをサポートしている。夫のサポートがとても力になっている。最初は、そうでもなかったけど、子どもをきちんとサポートし、子どもにもいろいろ教えることができるという点を彼が評価してくれていると思う。

(4)　Dさんの話

　アフター・スクール・プログラムを運営するコミュニティ・コーディネーター。成人した二人の子どもと夫がいる。子どもたちはアメリカに来てから生まれている。

　1989年11月に3ヶ月の息子と夫とともにシカゴにやってきた。シカゴには夫の弟がおり、彼を頼ってやってきた。晩秋のシカゴは寒く、暗く、そして、来てすぐに知らない土地で妊娠してしまい、落ち込んだ。

　暮らしていた家の大家からテレビをもらって見るようになった。そのテレビを先生にして英語を勉強するようになった。その頃、英語を勉強するのが好きだった。子どもとともにセサミストリートを見て英語を勉強した。テレビが私の最初の英語の先生だった。それで、アメリカに来たときにはまったく英語が話せなかったが、このテレビのおかげで、初めて英語教室に行ったときにはレベル3だった。エクアドルでは、大学3年まで行って中退しているが、当時から英語を勉強することは好きだった。

　長男が自閉症だったため、学校での生活や授業を助けるために彼について

クラスの中に行っていた。下の子が Mozart Elementary の Pre-K に入学し、チラシをもらってペアレント・メンターについて知った。トレーニングを受けて、2004年からペアレント・メンターになった。

ほとんどのペアレント・メンターは最初引っ込み思案だが、3ヶ月間のトレーニング期間を経て、一人前になり、自分の力で自分を作っていくことを知る。

ペアレント・メンター同士では、すべての情報をシェアし合う。ペアレント・メンターは、公の人 (Public Person) だから、それに恥じない行動をとり、みんなのためにならなければという意識も生まれる。今では、コミュニティ・コーディネーターとして働き、地域のみんなが自分の電話番号を知っている。

学校に行くことによって、アメリカの学校の仕組みを知り、情報を得て、自分の子どもを助けることができることが大きなメリットだった。

ペアレント・メンターになったことで人生の中で新しいドアを開けることができた。印象に残っているのは、あなたの夢は何ですかということを聞かれたことだった。子どもや、家族や学校のことでなく自分自身について考えさせられる体験をした。ペアレント・メンターの仕事を通じて、ただのハウスワイフだったのが、もっと何かできるはずだと思えるようになり、チャレンジするようになった。自分の人生をもう一度生きている。夫もこの変化を喜び、応援してくれた。子どもにとってもよい影響を与えると信じてくれていた。

1年半後、実質的にコーディネーターをするようになった。私のコーディネーターだったEさんのアシスタントになり、コーディネートや書類仕事などすべてを引き受けるようになった。一緒に働くことによって、多くを学んだ。

その後、小学校のアドバイザリーボードのメンバーになり、もっと学校の運営に深くかかわるようになった。

2011年9月からは、学校のコミュニティ・コーディネーターとして働くようになった。コミュニティへの帰属感が生まれた。自分の家族が、よい環境に住めるよう、自分の子どものためにこの仕事をする。

今も、ペアレント・メンター当時にお世話をした子どもや、地域の子ども

たちから顔を知られるようになり、走ってきてハグしてくれる。

　コミュニティのために、スプリングフィールド[17]に行って、アドボケイトすることで自信がうまれた。

　ペアレント・メンターで仲間ができ、地域の組織につながることで情報を得ることができた。学校の先生と話すこともできる。コミュニティのためのインターミディアリーとして働いていると自分は考えている。

　この役割を担うためには、いくつかの大切なことがあると思う。グループで集まって話をすること、謙虚であること、信頼しあうことが中でも重要だと思う。

　夫も、今では私のことを誇りに思ってくれている。私は、LSNAの人たちと一緒に働いていることがとても誇りである。

(5)　Eさんの話

　Eさんは、2006年グリーンカードの抽選にあたって、夫とともにアメリカにやってきた。前職は、学校の数学の教師である。ナイジェリアでは、女性がエンジニアリングを勉強することは珍しい。エンジニアになろうと思ったが男社会でなかなか難しいとわかり、数学の教員になった。ナイジェリアの首都で、私立学校の数学の教師として働いていた。

　ナイジェリアでは学校に行くとき、叔父や叔母、いろいろな親戚にお金を出してもらう。大きな家族として助け合う。私が大学に行ったときも、さまざまな親戚が私を助けてくれた。私も、甥や姪に対して同じようにしている。

　ナイジェリアでは、女性がエンジニアリングの道に進むことは珍しい。女性の職業といえば、銀行員か、先生、自営業となっていて、専門的な職業につくと結婚しない人も多い。しかし、自分には、いつも自分の学業成績をほめてくれるエンジニアの叔父がおり、この影響でエンジニアになりたかったのかもしれない。ナイジェリアは、子どもに対して厳しい。学業成績はよくて当たり前、できなければしかられる。ほめるということがめったにない。

　ナイジェリア人にとって、アメリカに行くことは天国の隣に行くようなも

---

[17] イリノイ州の州都、議会が立地する場所

のだったから、私がグリーンカードの抽選に当たったときには、多くの友人や親戚からうらやましがられた。それまでに旅行した一番遠い国は、ガーナだった。

　実際アメリカに来てみて、すぐに仕事に就けないことにがっかりした。自分がとったエンジニアリングの学位は役に立たず、教師としての経験は生かされない。親戚は、アメリカに行けばすぐに天国のような日々が待っていてお金が送ってもらえると信じているので、催促される。しかし、どこに行っても、就職は受け付けられなかった。そのことを人に言うと、「スーパーのレジなら雇ってもらえるよ」といわれた。私は、ナイジェリアでコンピューターも学び、学位も持ち、コンピューターや数学を教えていたのに、レジで働くなんてできないと思った。そして、とても落ち込んだ。

　ナイジェリア人は、アメリカ国内で会えばみな家族のようなものだ。2011年、ナイジェリア人の友人が、バスの送迎をしていたのだが、自分の学校で、ペアレント・メンターを募集しているよと教えてくれた。「なにそれ？面白そう！是非やってみたいわ」と思い、面接に行くとMさんとBさんが面接してくれた。しかし、ペアレント・メンターの条件は自分の子どもがその学校に行っている事だった。私の娘は、5歳から読み書きができていたので、さまざまなテストを受けた結果、ギフテッドスクールに行っていたので、ペアレント・メンターにはなれないことがわかった。とてもがっかりし、悲しかった。するとその夜に電話があって、友人の子どもの後見人だということで、ペアレント・メンターになれるといううれしい知らせだった。私は、必要ないのに、自分の履歴書や、これまでの教育経験をすべてもって面接に望むほどの意気込みだったから、与えられたチャンスがとてもうれしかった。

　一週間のトレーニング後、算数を中心に教えるようになった。私は、先生のように算数を教えたし、子どもも私を先生だと思っているようだった。そして、先生のように学校に行った。そして、学校に行くと皆が私を知っていた。クラスに行くことがとてもうれしかった。

　二年目も、この仕事を楽しんだ。あるとき、コミュニティ・オーガナイザーのBさんが、「ペアレント・メンターの補助金のために、みんな州の議員に

6章　住民のエンパワメントから見たコミュニティ・オーガナイジング　125

電話して」といった。私は、自分のアクセントが気になってちょっと気が引けたけど、電話してみると、みんな真剣に耳を傾けてくれた。これは私の自身につながった。家で電話をしたあと。「ちょっと聞いてよ、今スプリングフィールドの議員に電話したのよ！」と夫と娘に叫んだ。スプリングフィールドでロビー活動をするなど政治的なコミットメントをするようになると、コミュニティに対するつながりをより感じるようになる。

電話をするなんて小さなことだけど、どうやったらゴールに届くか、考え、実行し、ひとつひとつ実現することが重要だと思う。

2012年になるとペアレント・メンターからコーディネーターに昇進した。ペアレント・メンターは月曜から木曜に教室に行き、金曜日に研修することになっているが、私は、3つの学校と一緒に研修した。毎週、何かを考えて研修をした。私は、一年間コーディネーターとして働いたが、実は教室が恋しくもあった。政治家や秘書に電話して、ペアレント・メンターを見に来てくださいとお願いした。どんな難しいことも、Bさんが"You can make it happen"というので、がんばると実現した。Bさんに、You can do it! といわれると、信頼されていると思い、がんばれた。Mさんも支えになってくれた。

ペアレント・メンターは、私のすべての生活を変えた大きな出来事だった。

将来は、マスターを取って、また教鞭をとりたい。数学を教えるとか、大人の勉強を助けるとか、何かを教える仕事に尽きたいと思う。今は、何でもできるという気持ちだし、力が体の中からわいてくる気がする。ペアレント・メンターによって、私の中の力に気付かされたの。

(6)　Fさんの話

16歳と13歳の二児の母で、現在コミュニティ・オーガニゼーションでヘルスケアのプロジェクトを担当している。16歳で妊娠、結婚し、高校を中退したが、工場で働きながら学校にも通って高校卒業資格を取った。アメリカで生まれたラテン系アメリカ人。

2009年10月からペアレント・メンターになった。それまでは、工場で働いていた。工場がどこかに移転することになって、夫婦とも失業した。ある

朝、子どもをPre-Kに送っていって、チラシをもらった。これまでもペアレント・メンターについて聞いたことはあったけど、働いていたので気に留めていなかった。家に帰ってチラシを読んで、どんなものかと思うと、インタビューが必要ということでインタビューを受けてペアレント・メンターになった。

　ペアレント・メンターになったことは、私を開眼させた。トレーニングを受け、グループでディスカッションするうち、違う考えを持っていてもいいと気づいた。それまでは、何か違うことを言ってはいけない、何か言ったら人をいやな気持ちにさせるかもと思ってしまって黙っていた。でも、グループで話すうちにいろいろな考えがあっていいのだ、人と違う意見を言ってもいいと思えるようになった。

　ペアレント・メンターになって気づいたことは、先生は25人の子どもをマネジメントするのがとても大変ということである。ペアレント・メンターになる前は、教育は先生の責任、親は何もしなくていいと思ったが、それも違うと感じた。子どもたちは、学校の勉強だけでは、足りず、子どもによっては、助けが必要だ。私の子どもも助けが必要だった。さらに、二番目の子どもである娘のときはもっと助けが必要だった。家での教育にもっと力を入れ始め、子どもたちの勉強の力になった。

　子どもと働いたのは初めての経験だった。
グループで話をすることによって、さまざまな学びがあった。私は、人と話すのが苦手でよく黙っていたけど、グループに参加すること自体によって学んだことは多かったし、情報がたくさん入ってきた。自分がなんと表現していいかわからないことを人がかわりに言ってくれて、「ああ、自分もそう思う」と整理できることもあった。

　あるとき、コミュニティ・オーガニゼーションで、Mさんが担当している差し押さえられた住宅に関する仕事をすることになった。この仕事では、人と話をする必要がある。自分にとって試練ではあったが、話せるようになった。次に、移民のシチズンシップにかかわる仕事、イリノイ州が実施している子どものための健康保険[18]の仕事をするようになった。学校から健康保険のない子どものリストをもらって家を訪ね、手続きをするようにするのが

仕事だ。

今後、また学校に戻って、移民の手助けをするパラリーガルになるか、ソーシャル・ワーカーになるか、何か、ステップアップを考えたい。

(7) Gさんの話

メキシコでは、学校の教員として働いていた。移民としてアメリカに来てからは工場労働をしていた。息子、娘2人、夫がいる。現在、コミュニティ・エイジェンシーのオーガナイザーとしてペアレント・メンター・プロジェクトにかかわっている。3人の子どもはバイリンガルである。自分たちの国についても誇りを持ち、文化を継承するようにバイリンガルとして育てた。

モンロースクールのPre-Kに息子を送っていく毎日だったが、息子が学校でどうしているか不安だった。息子を送って学校に行くと、チラシを配っている人がいた。以前から、なぜ親の中でも学校に残る人たちがいるのかと思っていたが、そのチラシでわかった。それがペアレント・メンターだった。息子のことを心配していたので、是非ペアレント・メンターになって、学校に残りたいと考えた。しかし、当時は英語が話せなかった。

面接を受けることになった。面接では、あなたにはどんなスキルがあるかを聞かれ学校の教員の経験があることを話した。面接のあと、1週間、15時間のトレーニングに参加した。ここでは、リーダーシップ・スキル、パーソナル・ゴール、コラボレーションの3つの分野について、トレーニングを受ける。私はそこで、英語が話せるようになりたいということを目標に据えた。すると、すぐにESLのクラスに入るよう勧められた。夜間に通えるクラスが用意されていた。

ペアレント・メンターとして、Pre-Kのクラスに配属された。教室に入ると、メキシコでの教員としての仕事が思い出された。そして、アメリカで教員に

---

18) イリノイ州では、子どもに対してはすべて健康保険を付与している。親の職場に健康保険がない場合等は子どもだけ州の保険に加入できる。健康保険の有無は、学校を通じて調査される。

なりたいと夢みるようになった。

　ペアレント・メンターとして働くようになって、自分の中のリーダーシップに気付いた。

　ペアレント・メンターになったことで、スプリングフィールドに行きロビー活動にも参加するようになった。州の議員と話をし、ミーティングに参加するうちに、さまざまなスキルを養い、自分がもっといろいろなことをできると考え始めた。

　1998年　パートタイマーとして、Pre-Kに子どもを送らなかった家族を対象に、ゲームやホームスクーリングの手助けをする仕事にかわった。シカゴ市の仕事だった。面接に行くと、3つの学校を回るため、車と車の免許がいるという。私は、車を運転したこともなかったけれど、運転できるし、車も用意しますといった。私は、すぐに夫に電話し、「車を買って運転を練習しなければ」といった。その時、アメリカに来てから貯金したお金が2000ドルほどあった。そのお金を使って車を買うことにした。家の近所の道路に駐車している車に「2500ドルで売ります。電話×××-××××」という張り紙があった。私たちはその番号に電話してお願いした。「2000ドルしかないんですけど売っていただけませんか？」相手は、いいよといってくれた。車はその日本人から買った。2日半運転を練習し、その後仕事に出かけるようになった。

　1999年　コミュニティ・ディレクターとしてアフター・スクール・プログラムを運営するようになった。

　2000年　Jさんに声をかけられて、コミュニティ・オーガニゼーションで働くようになった。

　ペアレント・メンターになって、道が開け始めた。それからは、どんな機会も逃さないように働いている。私は、GED[19]を受け、Northeastern Universityに入学して卒業資格を手にした。

　私は、8人兄弟の長女で、これまで母を励みにしてきた。母のような母親になりたいと思って生きてきた。メキシコでは、5年間学校の教員をしてき

---

19) General Educational Development：5教科の試験を実施することによって、高等学校を卒業したものと同等のレベルの学力があるとみなされる。

たが、メキシコで得た学歴はここでは通用しなかった。

　1991年に結婚してアメリカに来た。アメリカに来れば生活は良くなると信じていた。私が自分の人生を振り返ったときに、1991－7年はとても暗い。私は、メキシコでは教員だったのに、アメリカでは、工場で8時間ロボットのように働いた。初めての日、私は、家に帰って泣いた。「私は、幸せではない」と。ペアレント・メンターになって、初めて光を見た。2000年以降の人生は、信じがたいほど幸せだ。

　アメリカではじめてペアレント・メンターとして私の運命を切り開いた。私の夢は、モンロースクールの先生になることだ。最初に自分が自分を見つけたところで、教員になりたい。GYOTで教員になるための資格を取ろうとしているが、最後の単位をとるためには、3ヶ月間休職しなければならない。このため機会を見ているところである。

　ペアレント・メンターは、大きな機会だ。「私ができたのだから誰でもできる」とみんなに話している。みんなのロールモデルになりたいと思う。ペアレント・メンターは、私の子どもの教育にも大きな影響を与えている。私の息子もまた教員になりたいと考えている。ペアレント・メンターは、私の子どもの学校との付き合い方、教育について教えてくれた。

　ペアレント・メンターの経験によって得たことは、自分のことを考えられること、違った考えを持った人と一緒に働くことができる、ファンダーと対等に話をすることができる、同じ人間として話をすることができるといったことで、自分に自信をつけ、解放された。

　LSNAには、大きな信頼感を抱いている。ペアレント・メンターに参加し、コミュニティに対する帰属感を強く持つようになった。私はフンボルトパークに暮らしていたけれど、LSNAは、私の大きな家だと思っていた。ペアレント・メンターを経験したからこそ今の自分がある。

(8) Hさんの話

　3歳半でメキシコから移民してきた。アメリカで教育を受け、銀行に就職した。このため、言葉には不自由していない。現在バイリンガル教員として地域の学校に勤務する。校長が授業を見学にやってきて、生徒の立場に立った授業

に関心された。

　子どものときから、先生になりたいと思ったことはなかった。銀行を辞めて、ペアレント・メンターに出会った。ペアレント・メンターになって、初めて生徒でなく教える側をサポートする立場として教室に入ってみると、いかに先生が大変なのかに気づいた。1人の先生にできることは限られている。家でも、娘の勉強を手伝った。

　2年間ペアレント・メンターを続けて、コミュニティ・オーガニゼーションのメンバーになった。ペアレント・メンターとして働くうちに、コミュニティや学校のために働きたいと考えるようになったからだ。当時は、ジェントリフィケーションの波が押し寄せて、これに対抗する活動を行っていた。

　そのころ、LSNAで働いているGさんに出会った。コミュニティ・オーガニゼーションでタイピングができる人を探しているというので、そこで働くようになった。Jさんがボスで、セクレタリーとして働くようになった。

　私たちは、議員に電話し補助金の交付を後押ししてくれるように頼み、政治的な活動にも参加するようになった。「議員に電話するなんてできない」と思ったけれど、やってみるとできた。

　2006年1月に、GYOTのプログラムに則って、学校に行くことになった。そのとたんに妊娠した。働きながら、学校に行き、妊婦でもあったが、同じようなバックグラウンドの人々に出会い、助け合って学校に通った。卒業するには、6年間かかった。2011年12月に卒業した。

　最初は、代用教員としてストウスクールに入った。あるとき、校長がクラスルームにやってきて、授業を見学していった。授業のやり方が子どもの立場に立っている。英語がわからない子どもへの対応に関しても素晴らしいと感想を述べられた。そして、私が、ペアレント・メンターであったこと、GYOTで教師になったことを話すと、とても気に入られたようだった。その後、正式に採用された。教室では、英語が話せない子どもに対して1対1で接している。

　将来は、マスターコースに行ってもっと教育のスキルを高めようと考えている。常に、ゴールを設定し、到達していくということが重要だとペアレン

ト・メンターを通じて学んだ。娘からは、私を見ると励まされるといわれている。夫は、幸せそうだからもっと頑張れと言っている。

(9) Iさん

7歳でアメリカにやってきたバイリンガル。1年間のペアレント・メンター活動後、現在はストウスクールのコーディネーターとして働いている。小学生の娘が一人。医者を目指す夫とともに、自分自身も学校の教員を目指している。

　私は高校生の頃からベビーシッターとして働くうち、その雇用者が教会に所属するリベラルな活動家であったため、その影響を多分に受けていると思う。

　地元の学校で、ペアレント・メンターについて知り、もともと教員になりたかったので、ペアレント・メンターに興味をもった。自分にとっては、ペアレント・メンターが非常によく組織化されていることが重要であると考えている。
　私は、妻や母であるだけでなく、自分の目標を持って生きていきたいと思ってきた。ペアレント・メンターはそのためのきっかけとして大変良かったと思う。ペアレント・メンターはプロによって組織化されていると感じている。
　まず、1週間のトレーニングを経て、ペアレント・メンターになるが、このトレーニングは、参加者の感情を刺激し、最初は躊躇する集団に対してアイスブレーキングをし、最終的には仲間づくりをしていく。これは、チームで働く上で重要だったと思う。そこでは、「私はいったい誰なのか」を考えさせられる。
　また、ローガンスクエアーツアーが組み込まれているが、この中にはコミュニティ・エイジェンシーの見学が含まれている。エージェンシーではどのような仕事をしているのかを学ぶ。ハウジング、インテグレーション、デモクラシーなどさまざまなことに取り組んでいることを知った。
　今、私がコーディネーターをしている学校では、両親の教育水準はそれほど高くない。ペアレント・メンターでトレーニングに参加して、学問的に開

眼されていく人が多い。多くのラテン系の家族では夫が保守的で妻を守るような関係が多くみられる。このため、女性は自尊心が低く専業主婦であることを家庭内で求められている場合も多くみられる。

　ペアレント・メンターの組織では、何かを学んだら共有するということが行われている。LSNA は地域や学校や社会が抱える問題に気づかせてくれる。本来、2時間でいいはずのメンターをもっと長い時間やっている。先生一人に 20 人の子どもは多すぎる。ペアレント・メンターが数人の子どもを手元において面倒を見ている間は、先生はほかの子どもに集中することができる。メンターは、その子どもたちに別のことをやらせたりもするが、子どもたちは集中できなかったり、言葉がわからなかったりするので、自分たちのペースで学習できることはよい手助けになる。キンダーガーデンから3年生までの学年にペアレント・メンターを派遣している。

　最初の 100 時間はペアレント・メンターは無給だ。クラスには、集中することが難しい子どもがいる。英語圏以外から来た子どもには挿絵のない本は退屈すぎる。4年生になれなくて、原級留置される子どももいる。

　私は、7歳の時アメリカにやってきて、英語を母国語とする人たちの中に入って一緒にやっていかなければならなかった。その頃に、ペアレント・メンターがいてくれたら、どんなに助かっただろうか。どうやって文章を作るのか、どうやって英語を読むのか、移民してきたばかりの子どもたちにとっては、難しいことばかりである。

　ストウスクールの校長は、ペアレント・メンターがいてくれることがうれしいという。GYOT の教員が既に3人採用されている。GYOT は既にコミュニティの一部のようなものだ。親と同じ目線を持ち、自分が幼かった頃のことを思い出しながら移民の子どもたちをサポートすることができる。また、移民の家庭や子どもたちがどのような状況に置かれているか体験を通して知っている。そのため、子どもたちの状況を理解しながら支援することが可能である。これによって、もっと良い教員になることができるのである。

　ペアレント・メンターは、LSNA やほかの仲間を通じて、さまざまな知識を得ることによってエンパワメントされている側面がある。ペアレント・メ

ンターは月曜から木曜まで教室に行って子どもたちのサポートをする。毎週金曜には、トレーニングの日となっていて、コーディネーターが独自に組んだプログラムや、LSNA が提供するプログラムなどで、ペアレント・メンターたちは何かを学ぶ機会を得ている。

　ペアレント・メンターは既にリーダーの一人だと思う。子どもたちは、ペアレント・メンターから学ぶのだから。ペアレント・メンターたちは、既にコミュニティの重要な一部なのだと思う。ペアレント・メンターはクラスで大変に期待され、必要とされている。自分を必要としている人がいるということは、それだけで、大きな自身や成長につながると思う。

　LSNA の G さんや、S さんは、本当のリーダーだ。選挙権がない移民は、選挙に行けないけれど、一人のペアレント・メンターが問題を理解して選挙権のある友人や家族に伝えることができる。LSNA はさまざまな知識や、課題を提示してペアレント・メンターを教育している。

　私自身は、将来、幼児教育を専門とする教員になりたい。知識は、パワーだという信念を持っている。

(10)　J さん

　メキシコからの移民。英語は初歩レベル。現在は、ジェイムス・モンロースクールにおいて、LSC[20] の会長職を担っている。家族は夫と息子が3人いる。

　私は、メキシコからの移民だ。メキシコにいいたときは学校の教員をしていた。そして、もっと積極的に生活していたが、こちらでは様々な障壁があることを感じている。特に言語の問題だ。週に2回英語を習いに行っている。

　G さんとは、同時期にペアレント・メンターに参加した。

　メキシコでは、教員をしていた。娘が5年生になったときから、LSC のメンバーになった。LSC のメンバーになるのに英語を話す必要はない。会議はスペイン語で行われる。

---

20) Local School Committee: シカゴに独特の公立学校運営制度で、地元住民、親、教員によって組織される学校運営主体。予算や人事などを含む学校の運営を実施、決定する。校長の決定権をも有する。

ペアレント・メンター終了後は、ランチ・レディとして高校の食堂で働いた。やはり、英語が話せないと自分が目指すような職に就くのは難しい。今は、LSC の会長だが、今後はお金のもらえる仕事を探したい。

　ペアレント・メンター事業を始めるにあたって LSNA が実施した講習会で「自分自身の目標」を問われて目覚めた。ペアレント・メンターになると、校長と直接話をする事、スプリングフィールドに行くなど政治的にもエンパワメントされているペアレント・メンターとして活動するうちに、内なるリーダーシップに気づいたなどの結果が得られている。英語の習得は自分にとって自立の鍵である。

6.6　ペアレント・メンターの語りから見たエンパワメントへの過程

　ここでは、前項のペアレント・メンター事業に参加した人々の自己や生活の変化について整理してみる。

6.6.1　ディスエンパワメントの状況

　出身国でどのような社会的地位や学歴を築いていたとしても、アメリカ社会ではその経歴はあまり役に立たなかった。「アメリカに来ればすぐに天国のような暮らしが待っていると思ったが、実際、自分の教育程度に見合った仕事にはアメリカ人が就き、移民には、重労働か単純労働しかなかった。」「メキシコでは教員として働いていた。シカゴへ来てからは、工場で 8 時間ロボットのように働き夜家に帰っては泣いた。私は生活に満足していなくて、不幸せだった。」に見られるように、出身国では知的労働に従事していた者も、アメリカでは工場労働など肉体労働に従事するか、あるいは専業主婦となった。成人してから、移民した者は、期待して移民したアメリカでの生活に失望し、底辺労働に従事するうち、力を奪われた状態に陥っていったという点が共通して見られる。

　アメリカで生まれた 2 人は別の要因によって社会的疎外状況に陥った。「16 歳で妊娠し、結婚して、高校を中退したが、夜、工場で働きながら高校を卒業した。しかし、工場が移転によって閉鎖されることになり失業した。」「16 歳で妊娠し、高校を中退して、家賃の安かったローガンスクエアに流れてきた。」

のように、妊娠して高校を退学し、子どもを抱えて、工場労働者やシングルマザーになるといったディスエンパワメント状態に陥る経路も見られた。そして、「学校の校長のような立場の人とは、（それまで）話す機会がなかった。きちんとした英語を話す人と話したこともなかった。」というように社会的活動やコミュニティとのかかわりや、会話を交わす人々も限られた状況に陥ってしまった状況がみられた。

6.6.2　対話による自己の再発見

　ペアレント・メンターの経験において、引っ込み思案や、シャイから、人前で話ができるようになるという変化が生じている。「私は人前で話すことが苦手で黙っていたけど、グループに参加することそのものが勉強になった。」という発言のように、参加者の多くは、これまで人前で発言するような経験がなかったが、トレーニングに参加してはじめてこれを経験した。ペアレント・メンターに参加すると、最初に1週間15時間の研修を受ける。研修内容は、リーダーシップ・スキル、パーソナル・ゴール、コラボレーションの3つが主な内容となっている。これらの研修は、対話によりグループで話し合うという形式になっている。授業開始後は、毎週金曜日を研修日と定めており、市政、移民の権利、健康、教育、コミュニティに関する情報や、スキルアップなどのトレーニングを実施している。その過程において、グループを作ってグループ内でディスカッションさせ、その内容を発表することや、多くの参加者がいる場面で、一人ひとりが発言する機会が与えられる。移民としてアメリカにやってきて、家庭にいると集団に対して話す機会はほとんどない。

　「はじめシャイだったが、ここで積極的に自己表現することを学んだ。そして、はじめて人前で話すようになった。ペアレント・メンター・プログラムが成功し、自分の体験を人前で話す機会が多くなると、自分の経験が貴重なものとして扱われ、自信や自尊心が芽生えた。」というエピソードが、話すことによる効果を端的に示している。

　この研修において、最も影響を与えたと思われる問いかけは、「あなたの夢は何ですか？」であった。参加者は、家族でも、子どもでもなく、自分自身の夢を語り、その夢を実現するためにはどのようなステップが必要かをコミュニ

ティ・オーガナイザーが問いかけたことで、母や、妻でなく「自己」を捉えなおす機会を得て、内面から自分を見つめなおしている。

6.6.3　第二言語の習得と仕事

インタビューの対象者のうち、3人は子どものときにアメリカに移民したか、アメリカで生まれており、英語を流暢に話すことができる。残りの6人は現在では、仕事ができるレベルの英語力を身につけている。

ペアレント・メンターは、英語が話せなくても参加することができるが、ESL（English as Second Language＝第二外国語としての英語）のクラスを紹介し、英語を習得したいものは、はじめのステップとしてこのコースを受講する。インタビュー対象者のうち、6人はESLで英語を学んだ。

英語のスキルが低いと、仕事は単純労働になりやすく、自国での社会的地位が高いほどアメリカでの職業との間にギャップが生じやすい。「メキシコでは教員をしていたが、アメリカでは様々な障壁を感じている。英語はそのひとつの障壁である。」「英語を習得して、お金の支払われる仕事に就きたい。」という言葉通り、仕事に就くためには、英語を習得する必要がある。「アメリカに来ればすぐに天国のような暮らしが待っていると思ったが、実は、教育程度に見合った仕事には、アメリカ人が就き、移民には、重労働か単純労働しかなかった。」「メキシコでは教員として働いていた。」シカゴへ来てからは、工場で8時間ロボットのように働き夜家に帰っては泣いた。私は生活に満足していなくて、不幸せだった。」のように自国では、知的職業についていた場合でも、その経験はいかされず、アメリカに来たからといって、すぐに自由と経済水準の高い暮らしを手に入れることができるわけではなかった。そこにたどり着くまでには、いくつかの壁があるが、英語の習得は、そのひとつである。

6.6.4　権力との交渉、政治への参加

アメリカのメインストリームから疎外された人々は、権力や権力につながりのある人とは遠い状態に置かれている。「（ペアレント・メンターになる前は）学校の校長のような立場の人とは、話す機会がなかったが、先生と話す、校長先生と夜学校に集まりたい母親のために教室の使用許可のために交渉するという

ステップを重ね自信が生まれた。」「仕事をはじめ、ビジネスマンと対等に話すようになる。それまでは、きちんとした英語を話す人と話したこともなかったけれど、交渉することで自信につながっている。」「ファンダーと対等に話ができる関係になった。同じ人間として、社会の一流の場で活躍する人たちと話せることで自信をつけた。」に見られるように、権力あるものとの対話は、自信を生んでいる。

さらに、「スプリングフィールドへバスで行ってロビー活動をしたことも大きな自信につながった。」、「コミュニティ・オーガナイザーのBさんが［ペアレント・メンターの補助金のために、みんなでスプリングフィールドの議員に電話して］というので、自分のアクセントが気になったけれど、電話してみるとみんな真剣に話を聞いてくれた。そのことが私の自信につながった。家で議員に電話をかけた後、［ちょっと聞いてよ、今、スプリングフィールドに電話したのよ。］と家族に叫んだ。」「秘書としての仕事の中で、議員に電話して補助金の交付について後押ししてくれるよう交渉したり、政治的活動に参加するようになった。「議員に電話なんてできない」と思ったが、やってみるとできた。」「選挙権がない移民は、選挙にはいけないけれども、一人のペアレント・メンターが問題を理解し、選挙権のある家族や友人に伝えることができる。」「校長と直接交渉、スプリング・フィールドへのロビー活動などによって、政治的に目覚めさせられた。」といった、政治や政策への関与が、自分たちの身近な問題である、ペアレント・メンター事業のための補助金要求を通じて行われている。社会的に疎外され、ディスパワメントされている状況では、政治への関与や政治家との対話は起こりえない。

6.6.5 地域・社会的課題の認識

ペアレント・メンター事業に参加するようになると、「地域社会の問題を認識するようになった。その結果パトロールを行うようになった。」、また学校教育に対する課題として、「教室の子どもの人数が一人の教員に対して多すぎるということに気づいた。」というように地域や社会的課題への認識が進んだ。

また、移民は、生活の中に自国の文化や伝統を継承するが、「私がコーディネーターをしている学校では、両親の教育水準はあまり高くない。多くのラテン系

のファミリーでは、夫が保守的で妻を守るような関係がほとんどである。このため女性は自尊心が低く、専業主婦であることを家庭の中で求められている場合が多い。」という指摘があった。これに対して、「私の母は、家で家事さえやっていればいいんだよという考えで、自分もそう思っていた。しかし、ペアレント・メンター・プログラムに参加してみると、同じ移民であるMさん、Lさんが立派に働いているのをみて自分にもできるはずだという気持ちになった。」という価値観の転換を示す口述があった。

6.6.6 自己肯定感の獲得

ペアレント・メンターの経験から、「ペアレント・メンターになって、自分自身のことを内面から見つめられるようになった。」という内観の達成や、自己覚知、自己肯定感や有用感が得られている。

その具体的な契機として、研修会でのLSNAのコーディネーターから「あなたの夢はなんですか？」と問いかけられたことが複数のペアレント・メンター経験者から上げられている。そして、「妻になり、母になり、家族にすべてをささげたつもりだったが、自分の人生をもう一度生きている。」と一人の人間としての自己を回復している。

これをステップに、「もっと自分に何かできるはずだ。」、「今では何でもできるという気持ちだ。」、「体の中から力がわいてくる。」「困難と思えることにもチャレンジするようになった。」という内面に力が芽生えた様子が語らえている。

また、「ペアレント・メンター・プログラムによって私の中の可能性に気づかされた。」、「ペアレント・メンターとして働くようになって、自分の中のリーダーシップに気づいた。」という自己有用感や自己肯定感が芽生えていった。

これらの気付きや変化は、教室で教えるという作業の中よりは、集団による話し合いや研修、コーディネーターやピア関係の対話の中で、これらの覚知が起こっている。

教室の中では、「自分は教えるという仕事が向いていると認識した。」「自分は教えることが好きだと気づいた。」と、直接教員というキャリアに結びつく自己覚知が芽生えた。

他方、ペアレント・メンターの経験は、「ペアレント・メンター終了後は、

ランチ・レディとして高校の食堂で働いている。やはり英語が話せないと自分が願っているような職業には就けない。自分にとって英語の習得は最大の鍵である。」のように自分の弱点についてを気づかせるものでもあった。

6.6.7 家族、夫との関係性の変化

保守的な家族関係の伝統を持つラテン系の家族において、ペアレント・メンターに参加した女性たちの夫との関係性が変化している。「夫も、自分が目標を持ち働くことをサポートしてくれている（C14）」、「夫も自分の人生を生きはじめた私を応援してくれている。夫も今では自分を誇りに思ってくれている。」、「夫からは、幸せそうだから、もっと仕事をがんばれといわれている。」、「医者を目指して学んでいる夫とともに、自分は学校の教員を目指して学んでいる。」のように、妻の仕事や夢に対してサポートする関係性が生まれている。

6.6.8 明確化された目標

ペアレント・メンターの研修では、自己目標設定を求められる。そして、その夢を達成するために何が必要なのか自ら考え、そのための計画を立案する。それを仲間の中で共有する。そのような過程の中で、参加者の目標が明確化されていっている。インタビューを行った一人ひとりが、目標を持っている。

6.7 ディスエンパワメントからエンパワメントへの過程

6.7.1 ディスエンパワメントの経緯

ディスエンパワメントの経緯には、2つのプロセスが見出された。

移民女性が陥ったディスエンパワメントの経緯として、出身国から期待を持ってやってきたアメリカでの工場労働などの底辺労働者としての苦しい生活や差別が、彼らから希望を奪っていた。特に、出身国で教育を受け、ある程度の社会的地位があって移民してきた場合には、期待していた生活との差異に苦しむ。女性は単純労働に従事する場合は社会から、家庭の中では、保守的な夫婦関係を求める伝統にも苦しめられる。もうひとつのディスエンパワメントへのプロセスは、若年妊娠、出産である。高校生活半ばにしての十代の妊娠は、

教育の中断や、学校集団からの離脱を招いている。このことは、移民だけに限らないが、特にラテン系の国々からの移民は、妊娠中絶を許さない宗教的背景や性に関する話題を公にするタブーを抱えているため若年で妊娠すると親に相談することが難しい。

6.7.2　エンパワメントへのプロセスと要件

　ディスエンパワメントされた状況から、再びパワーを獲得するために、自らの価値や力を再発見し、自己肯定感を持つための過程において3つの要素とマジックワード、そして方法論が明らかになった。

(1) 問題の集団的意識化

　まず、第一に、グループワークと集団での対話の重要性である。ペアレント・メンター・プログラムに参加することによって、「人前で自分を表現し、話をする」ことができるようになり、そこで、自分を表現し、グループでディスカッションすることを経験している。ペアレント・メンター・プログラムにおいては、金曜日を研修日として、参加者の対話やグループワークを行っている。ここでは、話すことによって自分自身の内面と向き合うことや、目標を設定すること、人の意見を聞き、共感すること、異なる意見も耳に入れるということを経験する。これらの対話や情報は、参加者に共有される。

　フレイレによるブラジルの不法滞在住民の識字教育において、少人数のグループを集め、日常生活を支配するテーマを説明し、グループで検討する問題としてこれらのテーマを話し合い、対話をし、そこでの重要な問題を選択して、その問題に対処する計画を策定したという方法と共通性がある（里見 2010, Freire 1995）。このモデルの目的は、人々の意識を社会の変革に合致した状態に変化させていくことである。そして、個人が抱えている課題や地域の課題を集団的に意識化させていくというプロセスを踏んでいる。フレイレの実践で起こったことがペアレント・メンターのグループワークでも同様に起こっている。ペアレント・メンターは、グループワークにおいて様々な問題や情報を共有し、移民家族、女性や子どもたちが共有する課題を意識化していったのである。

(2) 第二言語としての英語の習得

　第二に、第二言語としての英語の習得がひとつのステップになっている。移民コミュニティの内部に暮らす母親や妻である場合、英語はそれほど必要ではないかもしれない。移民同士の会話は、多くの場合母国語が使われる。しかし、経済的な自立や、社会的な地位の獲得には、アメリカ社会とつながる必要があり、このためには、英語の習得が必要である。筆者が、実施した別の研究においても、アメリカの移民女性の経済的エンパワメントには、英語能力との強い相関関係が見出されており、この結果は一致している（仁科 2018）。

(3) リテラシーとオラリティの両者の重要性

　ペアレント・メンターがエンパワメントされていくプロセスの中では、単なる第二言語としての英語を覚える、仕事に役立つこと学ぶといったリテラシィだけではなく、対話や話し合いなどによって物事を共有することの重要性が見出されている。ソーシャルワーク方法論の側面から見ると、「グループによる対話」の重要性を示しているといえるだろう。このアプローチは、コミュニティの内部において、孤立を減らし、相互の関係性を増加することによって、参加者に心理的、社会的利益をもたらすことができる。対話によって、課題や問題を共有することによる問題の意識化や集団化がエンパワメントのプロセスには重要である。問題の集団的意識化のためには、対話というオラリティに立脚した手法、仕事を得るという実質的な社会参加にはリテラシーが重要である。

(4) 重要な問いかけ「あなたの夢は何ですか」

　コミュニティ・オーガナイザーから、ペアレント・メンターに問いかけられた「あなたの夢は何ですか」という言葉が、自分を見つめなおすことになったという結果がほとんどのインタビューに見られた。ディスエンパワメントの状態は、自分の夢さえも失わせている。伝統的な家族関係の中で、「自分」を失い、妻や母親として生きていた女性たちにとって、この言葉は、マジックワードとして、次のステップへの大きなばねとなっていた。そして、地域に貢献するコミュニティ・コーディネーターや、GYOT の教育課程を経て、バイリンガルの教員を目指すといったステップにつながっている。

(5) 権力への接近と政治への参加による自己肯定感の確立

　さらには、権力への接近と政治への参加の重要性があげられる。ディスエンパワメントされ、アメリカのメインストリームから疎外されている状態では、権力や権力につながる人との距離は遠い。ロビー活動によって政治家と対話し、デモを行って要求運動を行ううち、ディスエンパワメントされていた人々が、自信を取り戻し、自分の力を再発見するプロセスが、本研究のなかで見出された。コミュニティ・オーガナイザーは、ペアレント・メンターに関連する補助金の要求運動や、議員へのアピールという参加者にとって身近な問題を取り上げて、移民女性たちを政治に接近させている。チェコウェイは、コミュニティの変化に関する6つの異なる戦略を「大衆の動員」、「ソーシャル・アクション」、「市民参加」、「パブリック・アドボカシー」、「教育」、「ローカルサービスの開発」としている (Checkoway 1995)。大衆の動員は、多数の人々を組織し、集団化することによって変化をもたらすことを目指している。このためには、何を問題として取り上げるかが重要である。多数の人々に訴える問題を選択しなければならない。

　アリンスキーがウッドローンの地域組織化において、バスを連ねて人々を選挙人としての登録に向かわせ、政治的な力を教え、誇示したのと一致する (Alinsky 1946)。当時の出来事を端的に現す一節がローズの論文の中にある。「1961年8月26日の土曜日に2,000人以上のウッドローンの住民が、バスを連ねてシカゴ市役所へ投票の登録に出かけた。そのデモはコミュニティの士気を高め、見ていた人に言わせると、ウッドローンのもっとも発言権のない人さえもが、自分は参加しているという気持ちを味わった (Rose 1964)。」アリンスキーは、ウッドローンの人々を組織的に市政へ参加させることで強く引きつけ、政治に参加することによって力を発揮できることを教え、エンパワメント、すなわち一人の有権者としての重要性に気づかせることに成功している。

　ソーシャル・アクションの目標は、人々の生活を向上させ、自らの力を認識させ、地域社会の既存の権力関係を変えるために、コミュニティレベルで強力な組織を構築することである。これは、Rothmanによって定義された社会行動モデルと、ハンナとロビンソンによって示された直接行動モデルの考え方との共通性がある。3章で既にみたように、何らかの要求運動を実現するための

手段として、政治家が手を貸すためには選挙で当選しなければならない。したがって、投票行動や当該候補者が議会での発言権を得るような状況になることが不可欠である。しかし、Hanna & Robinson は、実際には、利益団体政治と政治的リベラリズムは、米国の疎外化された社会集団への利益をほとんどもたらさないと主張している（Hanna & Robinson 1994）。少数民族や女性の選挙区への参加が増加することは、人種差別や性差別の減少に向けた積極的なステップであるが、選挙によって政治が多くの人々に日常生活の変化をもたらす力を持たせるわけではないといっている（Hanna & Robinson 1994）。

　ローガンスクエアのペアレント・メンターも政治にロビー活動や議員へのアプローチによって、具体的に何らかの生活の変化を手に入れたわけではないが、政治に参加することによって劇的な変化は起こらないにせよ、参加すること、つまり社会や権力の仲間入りをすることこそが、自己肯定感につながることを本研究は示している。

(6) まとめ

　最後に、Hanna & Robinson の理論を借りて本研究の結果を整理し、かつ、今後の研究課題を述べる。Hanna & Robinson は、変革モデルは、民主主義の原則を厳格に遵守することを要求する学習モデルに基づいている（Hanna & Robinson 1994）。それは、個人指向の学習、個人間の結びつき、個人的な抑圧と社会的、構造的抑圧を結びつけること、グループ意識、意思決定、社会的行為に対する集団的アプローチを強調している小グループ志向によって特徴付けられる（Hanna & Robinson 1994）。LSNA が行っている金曜日の研修は、社会行動のために意識を高めるプロセスと考えられるのである。LSNA が設けている研修で使われるグループディスカッションの中で行われる問題認識へのアプローチや、自己の目標の設定、内観への導きへのきっかけとなっていることと一致している。

　対話やディスカッションにより、小グループでの問題の集団的意識化を行っていくことが、理論的にも実践的にも有効であることが示されている。LSNA が単に学校教育の現場において支援活動を組織化しただけでなく、母親が共通して感じる学校教育の課題や地域社会の課題を人々が共有する機会を与えられ

たところに、ディスエンパワメントからの回復のステップがみられる。このための手法として小集団内での対話が社会的目ざめを確立するために機能している。

　また、LSNAのコミュニティ・オーガナイザーは、「あなたの夢はなんですか」という問いかけを見つけたことによって、女性たちをひとりの人間として目覚めさせることに成功している。しかし、なぜ、この問いかけにこのような力があったのかは、この研究の中では解明できていない。この言葉の持つ力についてはもう少し具体的な研究の余地がある。

　スプリング・フィールドにロビー活動に行くような直接行動モデルは、積極的な抵抗や既存の条件に対する抗議であるが、公民権や反戦運動のような広範な国家的動向の中で、人々は一時的な大衆動員に参加する可能性がある、あるいは、地域的な問題に焦点を当てた小規模な行動をする可能性はある（Hanna & Robinson, 1994）といわれている。Hanna & Robinsonは、直接的行動に関してあまり大きな成果を期待していないようなのであるが、ペアレント・メンターが、獲得したのは、政治や権力に接近して行くことによる自己肯定感であった。

　自己肯定感は、非人間的な労働環境や差別によって傷つき、失われた一人の人間としての尊厳の回復のステップになっている。政治の中心部やアメリカのメインストリームを担う人々への接近は、自らも同じ人間であり、有権者として重要なのだという事実を意識化させている。

　Hanna & Robinsonが言うように、デモへの参加や動員は、要求を直接反映するためには有効ではないのかもしれないが、参加者の内面への働きかけとしては、一人の人間としての尊厳の回復として意味を持っている。

　こうして、社会の中でエンパワメントを獲得した女性たちは、家庭の中でも、夫との関係性が変化し、自分が認知され、大切に扱われるようになったことを自覚するようになっている。逆のパタンとして、社会的にエンパワメントされた妻と保守的な夫の間にコンフリクトが生じるという構図が容易に描けるが、これについては本研究の中では見出されなかった。

　ペアレント・メンターを経験した人々の中から、コミュニティ・オーガナイザーやバイリンガル教員といった専門職が出現しているが、このようなディスエンパワメントからの回復をとげた女性達は、アメリカの高校教育や大学教育

を受けて資格をとるというリテラシーによる能力の向上を獲得している。しかし、単なる教育のみでは、エンパワメントに至ることは容易ではなく、社会的目ざめや一人の人間としての尊厳の回復が前提となっている。

ディスエンパワメントからの回復のプロセスを担うコミュニティ・オーガナイザーは極めて意図的に、これらのステップを組織化の中に組み込んでいる。

　本章は「就労を通じた女性のインテグレーションの過程に関するインタビュー記録」（仁科 2015）及び、「ディスエンパワメントからの回復に関する研究」（仁科 2019）に修正、加筆した。

7章　コミュニティ・オーガナイジングの変質
——不買運動からアフォーダブル住宅供給へ、そしてガーデンコミュニティへ：ウッドローンの変遷——

7.1　ウッドローンの町

　1960年代、アフリカ系アメリカ人が人口の90％以上を占めるようになったウッドローン・コミュニティ・エリアでは、人々は、差別や不当な扱いを撤廃し、権力の回復を試みるために、コミュニティを基盤とする運動を展開するようになった。この時期にシカゴ市とシカゴ大学が地区再生計画を提案したが、ウッドローン側はこれに対抗するために、オーガナイザー、ソウル・アリンスキーを招聘した。アリンスキーの組織化手法は、憎しみやそれによるコンフリクトを利用して運動へと展開していく手法であり、都市計画家や行政からは恐れられた。カソリック教会と共闘したために、プロテスタント教会からは批判

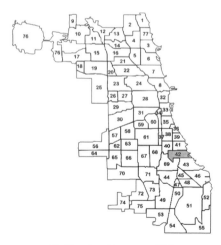

図-15　ウッドローンの位置

表-8　ウッドローン基本データ

人口	24,150
世帯数	9,117
人口減少割合 （2000〜2010） 〈シカゴ市全体〉	−12.4％ 〈−6.9％〉
人種	アフリカ系 84.7％
年収中央値	$23,986
年収$25,000以下	51.6％
失業率2015 〈シカゴ市全体〉	22.8％ 〈12.1％〉

資料：US Census, 2015 American Comminity Survey.

を浴びた。当初、ソーシャルワークにおけるアリンスキーのコミュニティ・オーガニゼーションの評価は、伝統的なソーシャルワークとは一線を画すものと断じられていた。アリンスキー自身もまた、ソーシャルワークに対する批判を隠さなかった。一転して1960年代にロスマンがアリンスキーによるコミュニティ・プラクティスをソーシャル・アクションと分類してからは、ソーシャルワークの一分野と評価されている。

　国家体制や福祉レジームが変化したことを背景に、主体形成を獲得する中で、ウッドローン・オーガニゼーション（以降TWOと記述）は、行政や大企業などと対抗する組織から、自らコミュニティにサービスを提供する組織へと変化していく。TWOは、アリンスキー組織から、媒介的、サービス供給型の事業組織へと変質していった。

7.2　ウッドローンにおけるコミュニティ・オーガニゼーション

7.2.1　ウッドローンの現在

　ウッドローンは、現在様々な意味でヒートアップしている地域の一つである。2018年3月5日、シカゴ大学スクール・オブ・ソーシャル・サービス・アドミニストレーションの建物を借りて行われたウッドローン・サミットには、数百人が参加し、オバマ・プレジデンシャル・センターへの期待と不安と要求に関して熱い議論が交わされた。

　ここ数年の間に、地域で作ったマスタープランである「クオリティ・オブ・ライフ・プラン」に基づき、いくつかの古い建物が更新され、南北のメインストリートの一つであるコテッジ・グローブにアフォーダブル・ハウジングが供給されたことによって、地下鉄の駅周辺の再開発が飛躍的に進んだ。

　この地域では、1960年代から始まったギャングの台頭により、犯罪の多発、商業施設の撤退、人口減少とセグリゲーションが進み、ダウンタウンから市営地下鉄グリーンライン「エル」でわずか20分ほどの距離にありながら、荒廃が進んだ状態が長く続いていた。2005年に中間支援組織であるLISCシカゴの先導による包括的開発（Comprehensive Community Initiatives）、ニュー・コミュニティ・プラン（New Community Plan）がスタートし、住民や地域組織によっ

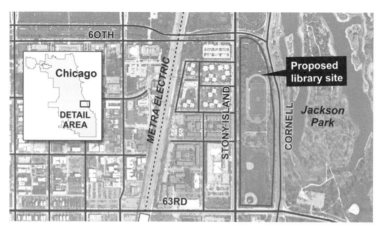

図-16 オバマ・プレジデンシャル・センターの位置
出典：Community Benefits Agreement（CBA）for the Obama Library.

て地域再生のための包括的マスタープランが策定された（仁科 2013）。このマスタープランがクオリティ・オブ・ライフ・プランであり、この計画に基づき、地域のコミュニティ組織や、非営利の住宅供給組織が中心となって地域再生に取り組んでいる。

しかし、2018年現在、地域にとって何よりも大な影響を与えているのは、オバマ前大統領のプレジデンシャル・センターのジャクソン・パークへの誘致が決定したことであろう。オバマ・プレジデンシャル・センターの開発は、立地を巡って、ワシントンパークとウッドローンのふたつの候補が上がり、最終的に2017年にウッドローンに決定された。両者ともサウスシカゴに立地し、シカゴ大学のあるハイドパークに隣接し、77あるコミュニティ・エリアの中ではかなり貧困な地域に類する。1960年代のシカゴ大学の開発とは異なり、今回は、開発を真っ向から反対する声は低い。住民の中にはジェントリフィケーションによって追い出されるのではないかという懸念を持つ者もいるが開発のベネフィットを期待する者もいる。全体的には、立地が決まったウッドローンでは歓迎のムードが漂っている。

プレジデンシャル・センターの建設による就労機会、交通利便性の改善、この地を訪れる観光客や利用者の増加を見越してのビジネスや観光などへの期待

も高まっている。地域組織や住民は、計画サイド[21]に対して、プレジデンシャル・センターの整備によって生まれる経済、教育、雇用、住宅、サスティナビリティ、交通の6分野に渡る利益の地域への還元を要求している。つまり、地元の事業者の採用や、住民の雇用である。これに対して、オバマ財団をはじめとする開発サイドはまだ調印していない。3月5日のウッドローン・サミット[22]では、要求側が満足するような回答は得られなかった。ウッドローンには、90年代に都市の中心部に立地していた高層公営住宅の全面的な建て替えで、戻り入居しなかった住人が多く流れてきている。ジェントリフィケーションや固定資産税の値上がりを懸念する借家人と、反対にすでに住宅を所有し、資産の値上がりを期待する人々の意図は、対立を余儀なくされそうな様相となっている。ウッドローンの中でも、比較的裕福な層と貧困な層の間に溝が生じてきている。

7.2.2 ウッドローンの成り立ち

ウッドローンは、シカゴのダウンタウンの中心街であるループから南東に約12kmに立地している。1850年代にオランダから移民してきた農民たちによって開かれた土地と言われており、63通りに鉄道の駅ができると、農民たちは、農作物をそこから出荷して生計を立てるようになった（Spray 1920）。

すぐ北に位置するハイドパークには、シカゴ大学が立地し、大学の周辺地域は、初期のシカゴの郊外住宅地として開かれた。

1893年にジャクソン・パークを会場に万国博覧会が開催され、これによって、20,000人の居住者や起業家がウッドローンに入ってきた（Spray 1920）。そして、63通りは、地下鉄「エル」（El）に乗って買い物に行く専門店が並ぶおしゃれなショッピングストリートへと発展していった（Fish 1973）。

1916年から1948年の間、シカゴでは近隣地域に白人以外の人種が入ってくるのを阻止するため、人種差別的なリストリクティブ・コベナント[23]を用いて

---

21) 正式名称は Obama Library South Side community Benefits Agreement Coalition この内訳はオバマ財団、シカゴ市、シカゴ大学
22) 2018年3月5日シカゴ大学スクール・オブ・ソーシャル・アドミニストレーションの建物において開催された。
23) 不動産付帯規則。その土地を購入し使用するにあったって守るべきルールを定めたもの。

図-17 シカゴ大学があるハイドパークとウッドローンの位置関係
出所：Google Earth 画像をベースに筆者が加工。

いた（Fish 1973）。シカゴの不動産委員会が提案し、市内の大規模な敷地及び様々な規模の土地の区画に法的拘束力のある条項であるコベナントを付帯して、アフリカ系アメリカ人がその地域の財産の使用、占有、購入、賃貸することができないようにしていた。当時の地図を見ると、差別的コベナントを使ってアフリカ系アメリカ人の居住を拒否する地域は、ブラック・ベルトと呼ばれるアフリカ系アメリカ人が暮らす地域を取り囲み隔離するように立地していた。1928年、ウッドローンの地主たちも、白人以外の入居を拒否するリストリクティブ・コベナントを締結するが、大恐慌によって景気が悪化し、通常の家賃より高い賃料をとれるうえ、大きな住宅を小さく区切って何家族にも貸すことができるアフリカ系住民への賃貸が収入としては魅力だった（Fish 1973）。

1940年に米国最高裁判所がリストリクティブ・コベナントを違法と判決すると、ウッドローンには、アフリカ系アメリカ人が急増した（Fish 1973）。

ウッドローン西部には、事業などで資産を築いた裕福な人々が、また、ほかの地域には、他の地域での再開発による追い出しなどにあってやってきた家族や、南部からの移住者が暮らすようになっていった（Fish 1973）。

現在、ウッドローン地域のコミュニティ・オーガナイザーとして働いている

テレンス・ミラーの祖父もビジネスマンとして私財を築き、ウッドローンに住宅を購入した。アルコール類の販売やナイトクラブなどを営み裕福だったミラー家は、当時治安のよかったウッドローンで白人が購入するときの3倍の値段で住宅を購入し、家族のために安心して暮らせる場を確保した[24]。

7.2.3 アリンスキーへの批判と賛同

ハンス・スピーゲルが1986年に編集した「都市開発における市民参加」ではアリンスキーについて1章を当てている。ここではアリンスキー自身の著作であるReveille for Radicalを収録すると同時に、『Renewal』の編集者であったS．ローズ、パーデュー大学の都市開発研究所の所長であり、都市問題の教授であったT．シェラードとイリノイ大学社会学部のR．マレーによるアリンスキー論を掲載している。前者は、どちらかというとアリンスキーの考え方に対する正当性を説いているが、後者は、批判的である。アリンスキーの急進的戦略に関する評価は批判的なものが多かった。ルーテル教会や都市計画関連の専門家は、アリンスキーの地域組織化について舌鋒鋭く非難した。そのような中で、アリンスキーに対して、ジャーナリストのシルベルマンは好意的な考えを全面的に表明していた。シルベルマンは、ウッドローンでのアリンスキーのコミュニティ組織化のプロセスをつぶさに述べて、真に民主的に黒人問題を解決できるのはアリンスキー以外にないといっている（Silberman 1964）特にアリンスキーの手法が厳しい批判を浴びたのは、このウッドローンにおける地域組織化運動であったが、シルベルマンはジャーナリストとしてこの地を取材した経験からウッドローンの組織化について高く評価していた。最も評価されていた点は、彼が民主主義の信奉者であり、コミュニティにおける民主主義の実現を目標とし、決して自らがコミュニティのリーダーとなることではなかったという点である（Silberman 1964）。しかし、急進的戦法やアリンスキーが演説で使う「恨みの擦り傷をすりむけるほどこする」とか「われわれの組織は原子力をもった」というような過激な表現によって人々を扇動し、ボイコットやデモといった直接行動に参加させる手法は敬遠された（Spiegel 1968）。

他方、コミュニティ・オーガニゼーションは、ソーシャルワークのひとつの

---

[24] 2018年3月、ミラー氏の話より。

分野として認識されていたが、アリンスキーは、ソーシャル・ワーカーや公的支援に対して批判的であった（Sanders 1970, Alinsky 1946）。しかし、最終的に、ソーシャルワークを体系的に整理したジャック・ロスマンのソーシャル・アクション・モデルの中に組み込まれて、現在では、その方法論や基本的な組織化の方法論はむしろ評価されている（Rothman & Tropman 1995）。

7.2.4 ソーシャルワークとアリンスキー

アリンスキーは、しばしばソーシャル・ワーカー批判を口にしている。ソーシャルワーク機能自体に関しても、アリンスキーは懐疑的だった（Joravsky 1990）。アリンスキー自身が著した Reveille for Radicals において、登場する地域のボスであるビッグバッチとソーシャル・ワーカーを比較した記述が社会学者と少年の会話の内容として示されている（以下抜粋）。

「たとえば、うちの家族ならば金が必要ならビッグバッチのところに行くよ。彼は金が必要だといえば、何も聞かずに 10 ドル札を 2 枚渡してくれるはずさ。彼にとっては人が困っているということだけで理由は十分なんだ。それが、福祉事務所に行ったらどうなるか。朝から髪をとかしたかどうかに始まって、本当に仕事なのかどうかもわからない質問攻めにあう。この町に住んでいるスミスの家のドッティというブロンドの女の子が厄介ごとに巻き込まれて、どうしても助けが必要になった。その時スミス一家は、福祉事務所に行った。そうしたら、助けを得る前に、ドッティが妊娠していることを話さなければならなかった。そんなことは、他人が聞くことは失礼だろう。ビッグバッチなら、何も聞かずにぽんと金を貸してくれるんだよ。」

結果として、福祉事務所は、150 ドルを支給しビッグバッチは 5 ドルを与えたということについて、社会学者が少年に問いかけると、

「あんたは、何もわかっていないな。金額は問題じゃないんだ。むしろどういうふうにくれるかの方が問題なんだよ。ドッティの家族は助けてもらった時にビッグバッチに何も聞かれずに、背中をぽんと叩かれ、心配してもらったんだ。バッチの前では、みんな人間として扱われる。だけど、福祉事務所では、君はひとつの"ケース"なんだっていわれるのさ。」

アリンスキーはこのようなことを述べることで、地域のリーダーを探すことの重要性を説明しているのであるが、ソーシャルワークに対しての彼の皮肉な考えが盛り込まれている。ソーシャルワークによって、150ドル与えられても、ケースとして取り扱われ、人間として取り扱われなければ、金額の多さは関係ない。逆に、金額は少なくとも人間扱いしてくれるボスのほうが、地域の中では信頼されていると主張するのである。

さらに、アリンスキーには、住民を政治的に包摂することで自己の重要性を認識させる戦略があった。このアリンスキーのオーガニゼーションのやり方を端的にあらわす出来事がローズの論文の中にある。「1961年8月26日の土曜日に2,000人以上のウッドローンの住民が、バスを連ねてシカゴ市役所へ投票の登録に出かけた。そのデモはコミュニティの士気を高め、見ていた人に言わせると、ウッドローンのもっとも発言権のない人さえもが、自分は参加しているという気持ちを味わった（Rose 1964）。」アリンスキーは、ウッドローンの人々を組織的に市政へ参加させることで強く引きつけ、政治に参加することによって力を発揮できることを教え、エンパワメント、すなわち人々が自分の重要性に気づくことに成功している。

アリンスキーによるコミュニティ・オーガニゼーションは、それまでのソーシャルワークにおけるコミュニティ・オーガニゼーションの領域からははみ出したものとして取り扱われていた。しかし、実際に現代シカゴのコミュニティ・オーガニゼーションの実践家やコミュニティ・オーガナイザーの話を聞くと「アリンスキー方式」であるとか、「自分たちは、アリンスキータイプのコミュニティ・オーガニゼーションだ」というように明確にアイデンティティを主張する場合がある。そのような組織では、声をあげることのなかった住民をバスでスプリングフィールドに連れて行き、議員に陳情するといった活動を通してエンパワメントを行っている（仁科 2019）。

7.2.5　ウッドローン・オーガニゼーションへのアリンスキーの介入

1960年代ウッドローンの3つの教会が中心となって、商店で計量販売されている品物の量が足りないのに、不正に高い値段で売りつけられていることや

学校の生徒数の超過、子どもたちが学校で受けている差別的な扱いなどアフリカ系アメリカ人が日常経験している社会的不正義に対して立ち向かう活動をしていた（Braizier 1969）。

　ウッドローン・コミュニティ・エリアにシカゴ大学の開発の計画が持ち上がった。これに対して、ビショップをリーダーとしたウッドローンは、断固として反対する姿勢を保持した。その上、ソウル・アリンスキーを伴って、地域組織化を図った。そして、1961年にウッドローン・オーガニゼーション（The Woodlawn Organization, 以降 TWO と省略）が設立された。

　1961年シカゴ大学が、ウッドローン地域に新たなキャンパスを建設する構想を打ち出すと、これを契機に二者の対立が始まった。戦後の人口増加に伴い、ハイドパークやウッドローンは人口急増の局面にあった。シカゴ大学が示した地区再生計画は、サウスキャンパス計画と呼ばれ、主にハイドパークの南側、つまりウッドローンにキャンパスを拡張する計画が示された（Braizier 1969）。これによって、ウッドローンの住民が大学の拡張計画の影響を受けることは必然であった。計画では、ハイドパークの建物の20％を解体し、2万人の低所得の住人を強制的に移転させる計画となっていた（Braizier 1969）。1950年代初めから1960年代初めにかけて、ウッドローンでは人種の入れ替わりと増加が起こっていた。仕事を求めてやってきたアフリカ系アメリカ人の人口急増であった。1950年代前半から後半にかけて白人60％の割合から、アフリカ系住民が95％を占める地域に変わった（Braizier 1969）。両方の近隣地域で人口増が起こっているときに、ハイドパークで都市再生事業が行われれば、低所得者層が住宅を求めて、ウッドローンに流入し、生活環境が更に劣悪になり、他方需要が高まることによって家賃が上昇することは目に見えていた。そこで、ウッドローンの3つの教会はソウル・アリンスキーを迎えて、地域組織化を図り、シカゴ大学サウスキャンパスの開発に反対する運動を展開していった。

　アリンスキーとインダストリアル・エリア・ファンデーション（Industrial Area Foundation、日本語で工業地域委員会と翻訳されている場合もある。以降 IAF と省略）のメンバーは、ウッドローンのカトリック教会、長老教会、及びその他の財団から資金調達に成功し、ウッドローンでの組織化キャンペーンを開始した。アリンスキーは「黒人自決」の提唱者であったペンテコスタル・アポス

トリック・チャーチ・オブ・ゴッド（Pentecostal Apostolic Church of God）のアーサー・ブレイザー牧師がリーダーシップを執ることに大きく力を貸した（Braizier 1969）。アリンスキーのコミュニティ・オーガニゼーションのセオリーでいうならば、ウッドローンにおいて、住民とともに住民と同じ要求を共有する自然発生的なリーダーは、ブレイザー牧師であった。

　結果的に、ウッドローン・オーガニゼーションはシカゴ大学の都市再開発計画を阻止した。両者の合意の下での開発として、グローブ・パーク・アパートメント（Grove Parc Plaza Apartment）504戸を供給した。ウッドローン・オーガニゼーション自体は、地域内部での就業支援活動に関する補助金を得て引き続き、活動を行った。1967年夏にはサウスサイドの多くの地域で暴動が起こったが、ウッドローンでは暴動が起きなかったことは地域の安定とウッドローン・オーガニゼーションの統率力を誇示した（Braizier 1969）。

7.2.6　TWOの変質

　1960年代には、アリンスキーの介入によって、TWOは、ウッドローンのスポークスマンとしての地位を獲得した。地域の社会経済的な観点から結論を述べると、1960年代から80年代にかけてTWOの組織能力と経済再生プログラムの様々な提案やプログラムの実施にもかかわらず、大きくは回復しなかった（Fish 1973）。TWOは、外部との闘争においてイニシアティブを握り、ブレイザーの言う「黒人の自決」を実現したが、内部の貧困、失業、教育やサービスの欠乏に対しては何も対処できていなかった（Fish 1973）。

　1968年マーティン・ルーサー・キング・ジュニアの暗殺事件で、暴動を恐れているほとんどの白人ビジネスオーナーは、事件の後ウッドローンを去った。1960年代後半に全米の大都市で蜂起された暴動は政策サイドを硬直し、右傾化させた。ウッドローンでは、1968年から1971年にかけて放棄された362の建物が破壊された（Fish 1973）。そして、失業率、貧困率は上昇した。ウッドローンの人口は、1960年の81,279人、1970年53,814人、1980年36,323人、1990年は27,473人、2000年の27,086人と減少した（US Census 1960, 70, 80, 90, 2000）。しかし、コミュニティ・オーガニゼーションや教会を中心とした活動の伝統は続いた。

白人がウッドローンを去った後に、さらに人口を減少させたのは、ギャング活動による治安の悪化であった。ウッドローンには、1950年代からブラック・ストーン・レンジャーというギャング組織があったが、公民権運動などの影響を受けて、組織は、Black P Stone Nation（以下BPSNと省略）と名乗り、1968年ごろには5,000人のメンバーを抱えるまでに膨れ上がった（Moore & William 2011）。これらのギャングのメンバーは、ブロッククラブにも、教会にも、いかなる社会的なグループにも所属しない若者で、TWOやその関係者ともつながりのない、貧しいウッドローンの中でも最も最底辺の若者たちであった（Fish 1973）。ギャングの若者たちは、社会、教育、社会福祉の機能不全が生み出したものだった（Fish 1973）。つまり、ウィルソンが言うアンダークラスの若者たちによって組織化されていた。1960年代から70年代には、非熟練労働の受け皿となっていた工場の移転が続き、アフリカ系アメリカ人が多く暮らす地域では、働き盛りの男性の失業率が急激に上昇していた（Wilson 1987）。ギャングのメンバーになることは、定職も無く、自らのアイデンティティや誇りを示す材料を持たないアンダークラスの若者にとって、何らかの目的と自らの存在の意味を与えた。おそろいのベレー帽をかぶって通りを闊歩することで、人々から畏敬の目で見られるという快感をもたらし、手持ち無沙汰な若者に役割を与えたことは容易に想像できる。1970年代には、60年代よりさらに失業率は上がり、70年代より、80年代はもっと上昇した。

　BPSNは犯罪に手を染める一方、チャリティなどのために資金を収集して活動した（Moore & William 2011）。人心に取り入ることがうまかったジェフ・フォードの元で、人助けなどの親切や、時には暴力によって地域を支配していった。チャリティのための資金は、商店主などから暴力的な手段や脅しによって集められたとも言われているが、一方で、彼らの実施しているチャリティを応援する勢力もあり、支援者の手引きによって政府からの補助金を使って就業支援事業を実施するようにもなった（Moore & William 2011）。BPSNのリーダーであったジェフ・フォートは、リーダーシップのある人物として知られていた（Moore & William 2011）。

　1966年にTWOはシカゴ市を経ることなく、アメリカ政府から直接補助金を受けることに成功した。TWOが就業支援のため政府の補助金を獲得すると、

BPSNはその補助金を使ってギャングの若者たちをスタッフとして雇い、かつギャング組織に所属する若者への就業支援を行った（Moore & William 2011）。各新聞は、あたかもTWOが政府の補助金において不正を行っているかのように書きたてた（Fish 1973）。ウッドローンの人々の成功、つまりアフリカ系アメリカ人コミュニティの成功は、外部にとっては面白くなかった（Fish 1973）。

ジェフ・フォートは、類まれなリーダーシップによって公民権運動で盛り上がった人々の気持ちを利用して勢力を広げ、TWOが獲得した補助金を使って、若者の就業支援事業を実施したが、1970年代に入ると、補助金の不正使用、ドラッグや暴力など様々な犯罪により、有罪となって刑務所に収監された。(Moore & William 2011)。ジェフ・フォートらの逮捕及び有罪は、ウッドローンのコミュニティ・オーガニゼーションへの外部からの信頼性を根幹から揺るがすことになった。コミュニティの内部では、就労支援プログラムがなくなったことで一層治安が悪化した（Fish 1973）。治安の悪化を加速化したのは、地域内での2つのギャングの対立であった（Fish 1973）。

アリンスキーとTWOによる運動は、「黒人の自決」を掲げて地域のコントロールを取り戻すために、オーソリティに抵抗し、権力を排除したため、地域社会全体や政府の補助金によるプロジェクトに対して、様々なレベルで責任を持つ主体を欠く状態に陥った。マリスとレインによる貧困との戦いの評価において、「社会変革のディレンマ」と呼ばれる状況である（Marris & Rain 1974）。

1960年代の貧困との戦いを経て、住宅政策においては、スラムクリアランスや公営住宅に代わってセクション8による家賃補助制度が導入され、民間住宅市場によるアフォーダブル・ハウジングの供給が行われるようになった（平山洋介 1993）。これを受けて、コミュニティ・ディベロップメント・コーポレーション（Community Development Corporations: 以降CDCsと省略）による住宅供給が全米で導入されるようになった。CDCsは、CDBGを活用して貧困地域での住宅供給を実施して行った。

1970年代は、政府によるモデルシティ・プログラムや、市による都市整備などのプロジェクトが実施された。1974年にコミュニティ・ディベロップメント・ブロック・グラントが整備されると、この制度を使った住宅整備が事業の中心となった。ギャング組織は、ドラッグの密売により資金力と勢力を伸ば

し、1970年代に勢力を拡大した。1960年代からの暴動に加え、70年代のギャング組織の拡大と治安の悪化は、人種間の偏見や隔絶を深めていった。初期のTWOは、ソーシャルアクションによって「黒人の自決」のために政府への要求運動を展開していったが、犯罪組織の勢力拡大によって、ウッドローンの住民自体が分断され、地域がひとつの要求に向かって一丸となって闘うことが困難になっていった。

1980年代にはレーガン政権による小さな政府主義が徹底されていった。つまり、ニューディール政策や貧困との戦いにおいて実施されていたような政府による援助は縮小化され、貧困層に対する援助を限定的かつ最低限に抑える議論が浸透していった。住宅供給に関する補助金も大きく削減された。政府の資金が欠乏してくると、コミュニティレベルでの活動資金として民間資金が発達してきた。

1980年前後にできたLISCなどの中間支援組織は、住宅供給を中心に多様な民間資金を獲得する役割を担った。政府予算の削減という逆境にもかかわらず、民間組織による住宅供給の環境が整ったことにより、TWOは、住宅の建て替えや供給に力を注ぐようになった。CDCsによる住宅供給は、市場が機能していない地域において、政府の資金をも使わない、つまり政府でも市場でもないサービスを展開するようになった（平山洋介 1993）。開発や事業を行うための民間資金が豊富になったことは、中間支援組織を介してコミュニティ組織が事業実施主体として成長していくきっかけとなった。TWOは、70年代に住宅供給に着手して以来、地域のサービス供給主体として、それまでのアドボケート中心の主体から徐々に変質し、80年代には、サービス供給事業主体としての性格を強めて行った。

1990年代には、クリントン政権による福祉改革が実施された。クリントン政権下の福祉改革では、福祉依存の体質をなくし、就労を促進することを主眼に行われた。福祉依存であるとして改革の標的とされたのは、若年妊娠、出産によって子どもを育てる若い母親たちだった。これによって、子どもを扶養している世帯への支援であった児童扶養手当（Aid to Family with Dependent Children：以下AFDCと省略）を一時扶助（Temporary Assistance for Needy Families：TANF）に切り替える「福祉から就労へ」といわれる改革が実施さ

れた。1990年代初め、コミュニティリーダーは民間開発、企業、銀行による開発をウッドローンに導入し始めた。1960年代の闘争後、TWOとシカゴ大学の関係性は今日に至るまでの約60年間において、常に敵対的なものというわけではない。シカゴ大学は、1960年代にウッドローンの東側にソーシャル・サービスセンターを設立して、地域へのサービスを展開していた。シカゴ大学は、ウッドローンの近隣地域に協力する主要な協力者となった。社会福祉改革によるもうひとつの柱は福祉供給全体の民営化であったが、このことは少なからずコミュニティ組織にも影響を与えた。民間組織に事業資金が流れることによってTWOのような力を持った組織では優秀な人材を雇用し、コミュニティ内での事業を活発化させた。

それから2018年までの間、2010年シカゴ大学との共同のもと、子育て支援施設、ヘルスケア、特別支援学校の設立、チャータースクール（ハイスクール）の設立、運営等が行われており、関係性は協調の方向へと移行していると見える（Woodlawn Preservation & Investment Corporation 2005）。シカゴ大学は大学が所有する61通りに面した土地の再開発計画をサウス・キャンパス・プロジェクトとして開発し、学生用の居住施設と商店を含む建物の開発、地域からの新たな雇用を提案し、実現している。

2018年現在、TWOは、地域の社会サービス、経済発展、政治活動など、さまざまなプログラムに引き続き関わってきている。2000年には、LISC[25]シカゴの呼びかけで包括的コミュニティ開発（Comprehensive Community Initiatives：CCIsと省略する）を実施する地域のひとつとして、クオリティ・オブ・ライフプランを策定した。この計画は、地域の社会的、経済的な計画を包括的にまとめたマスタープランである。この計画策定には、ウッドローンにおいて活動している74組織が参加した。そして、8つのストラテジーが示されたが、このトップに掲げられたのは、ミックスト・ディベロップメントによる住宅の新規供給であった。次には、地下鉄グリーンラインのコテッジ・グローブ駅を中心とした地域においての商業開発、経済開発と就労支援、教育の改善、地域組織と住民とのコミュニケーション及びコネクションの改善、若者の活動

---

25) Local Initiatives Support Corporation（LISC）は、フォード財団の出資で設立された中間支援組織として地域再生、住宅供給、地域の福祉や教育の増進などにかかわっている。

の場の改善、芸術や文化活動の展開、健康、及び社会サービスの資源提供が示された（Woodlawn Preservation & Investment Corporation 2005）。この計画が立案されて以降、地域では、コミュニティ・オーガニゼーションの手によって着実にプランの実施が進んでいる。それぞれのプロジェクトは、シカゴ大学が主体となって提供する教育施設や社会サービスなどのほか、NPO組織による住宅再生、供給等が着実に実施されている。2018年時点では、63通りの高架下部分の商店の改善が遅れており、ドラッグを売るギャングたちがたむろし治安の悪い状況が続いているが、その他のプロジェクトは大きく前進している。また、地域再生マスタープランの題名にも「クオリティ・オブ・ライフ・プラン」とあるように、あくまでこの計画の主体及び目的は地域住民の生活の改善である。したがって、地域再生は、住宅供給や商店街の改善などの物的再生には留まらない、まさに住民の生活を中心においた包括的な計画としてコミュニティ組織自体によって策定されているのである。

　しかしながら事業型のコミュニティ組織のあり方には批判もある。シカゴ・マルーン紙（Alpert 2005）によると「ウッドローン・オーガニゼーションは62通りとキンバーク通の結節点に位置する住宅の再開発に当たって、30年以上その住宅に暮らす住民や高齢の住民に対して1年以上の期間をおかずに立ち退きの要求をした。これは、イリノイ州法に照らして違法であるし、また、セクション8住宅制度をも遵守していない」としている。マルーン紙の論調は、TWOはやるべきことをやっていないのではないのか、つまり、住民のサイドに立ってサポートしていないのではないかと、批判的である。

　21世紀になって進み始めた近隣地域再生事業は、確実にウッドローンの地価を押し上げてもいる。ここに、オバマ・プレジデンシャル・センターの立地計画が持ち上がり、ジェントリフィケーションが生じることはほぼ間違いない。しかし、非営利の住宅開発組織によって建替えられた賃貸住宅が、家賃補助の付いたセクション8住宅であることは救いである。ここの家賃は高騰しないはずだ。しかし、持ち家に暮らす高齢者など収入の低い世帯は、地価の高騰によって固定資産税が値上がりすることを恐れている。また、賃貸住宅に暮らす住民は、家賃の上昇により住みなれたウッドローンに住めなくなることを懸念している。

2018年ウッドローンは、シカゴ市が人口減少地域で実施している、空き地を1ドルで購入することができるGNP（Green Neighborhood Plan）の対象地域から除外された。空き地は多いがもはや公的施策によって土地の処分を進めなくても市場において土地が売買されるところに来ているとシカゴ市が判断しているのであろう。今後、地価の高騰によるキャピタルゲインを期待する住民と追い出しを恐れる住民との利害対立が生じる可能性は高い。その対立は、ウッドローンを二分することになる。

このことを認識してTWOは、ウッドローンを4つの地域に区切って、それぞれの代表者が話し合いをする機会を月一回設けている。同じウッドローンの中でも、質のよい住宅地を求めて入ってきた西側と、公営住宅の建て替えによって入ってきた東側の住民の間には格差がある。同じコミュニティの中で格差が顕著になりつつある中、住民同士で話し合うことによって合意を導きコミュニケーションを高める目的である。

7.2.7　現在のウッドローン　アフォーダブル・ハウジングの供給

現在ウッドローンで実施されている事業は、住民による地域の計画であるクオリティ・オブ・ライフ・プランに基づいている。この計画は、中間支援組織のサポートの元で、地域のほとんどの組織や団体が参加して策定された計画である。ここに示された計画のうちのひとつであるコテッジ・グローブ駅周辺の住宅再生が現在進んでいる。プリザベーション・オブ・アフォーダブル・ハウジング（Preservation of Affordable Housing、以降POAHと省略）は、シカゴのいくつかの都市コミュニティで支払い可能な価格の賃貸住宅の開発、及び管理を行っている非営利組織である。

POAHは、シカゴのウッドローン、グランド・クロッシング、ケンウッド、ニアウエストサイドのコミュニティとイリノイ州カンカキーなどで事業を実施しているが、2008年以降シカゴで800戸以上の住宅を建替えた。これらは、セクション8住宅として供給し、従前の居住者を排除しないように配慮されて建替えられた。POAHはまた、他の非営利団体との協力の下、青少年スポーツと教育センターを建設し、コミュニティ及び近隣地域再生事業に積極的にかかわっている。

写真-15 住宅の再生が進むコッテジ・グローブ

写真-16 建替えしたセクション8住宅とリソースセンター入り口

写真-17 コミュニティセンター

　ウッドローンでは、新たな試みとして、賃貸住宅の立て替えの中に地域サービスセンターを設置している。POAHは、サウスコテージグローブアベニュー（ジャクソン、グラント、バーナムとトリアノンロフト）とコテージグローブアベニューの通り沿いにリノベーションによる住宅供給を実施し、グローブパークプラザの老朽住宅を建て替えた。

　ウッドローンパークには、コミュニティスペース、遊び場、コミュニティガーデンが配置されている。この建物の温水を各戸に供給するために屋根に太陽光発電パネルを備えた住宅となっている。

　ジャクソンとグラントは、1ベッドルーム、2ベッドルーム、3ベッドルームの住戸とランドリー施設、会議室、共同キッチン、遊び場、緑の公園のある

写真-18　スーパーマーケットジュエル・オスコ建設中（E. Sandars 撮影）

アパートとして整備されている。

　バーナムは、フィットネスセンター、パートタイムの老人保健室、アクティビティルームとパティオ、ゲームルームと上層階のバルコニー、12のガーデンベッド、ランドリーと各フロアの物置を備えた65ユニットのシニア住宅が供給された。

　バーナムから道路を隔てたところに建設されたトリアノン・ロフツは、40年以上前に初めて低所得者層のために建設された賃貸住宅であったが、多様な入居者向けに改装されて再供給された。この住宅は、高い天井と7,000平方フィートの1階の小売スペース、24の屋外駐車スペースを備え、24戸のアパートを含む収入を問わないマルチ・インカムの賃貸住宅となっている。

　地下鉄グリーンラインの終着コッテジ・グローブ駅入り口部分には、合計70の混合ユニットが建設されつつある。

　さらに、商業開発として、ジュエル・オスコ（食品等を販売する大手スーパーマーケット）が誘致されることが決定し、2018年3月には開発式が執り行われた。近隣のイングルウッド地域にホール・フーズ・ストアがオープンしたと同様に、地域に雇用と買い物の利便性を保証するものである。1960年代以降人

口が減り続け、多くの店舗が地域から撤退して、車を所有しない住民は買物が困難な状況に陥っていた。地域内に野菜や乳製品などの食料品を買うことができるスーパーマーケットができるのは、数10年振りである。

7.3 ウッドローン・コミュニティに見るコミュニティ・オーガニゼーションの変質と主体形成

7.3.1 ウッドローン・オーガニゼーションはどのように変化したのか

まず、一つ目の変化は、役割の変化である。TWOは、1960～70年代には、日本にまでその名を轟かせた闘争的な組織であった。シカゴ市やシカゴ大学に対して要求を容認させるために住民を組織化し、戦略的に行動する主体であった。近年の動きを見ると、シカゴ大学との関係性は、より合理的かつ調和的に変化した。過去には、要求運動であったが、現在は、TWO自体がコミュニティのための事業を実施する主体となり、他の事業主体と共同して、自ら策定した計画に則って、住宅の供給を含めた地域へのサービスを実施する主体へと変化している。老朽化した住宅の建て替えや、高齢者向け住宅の供給、地域へのスーパーマーケットの誘致など、かつてはシカゴ市が担っていたであろう再開発の事業主体としての役割をTWOを中心としたコミュニティ組織の連合体が担っている。かつて、ブラック・エンパワメントが求めていた自らのコミュニティのコントロールを握ることが実現したかに見える。その一方で主体形成は外部の政策実施主体とコミュニティ・オーガニゼーションとの関係を変化させたのである。

住宅開発以外にも、クオリティ・オブ・ライフプランに掲げられた就業支援事業として、失業者への再教育やスーツなどの服装の寄付なども地域の中で非営利組織が実施している。そして、コテッジ・グローブの開発では、コミュニティ・リソースセンターという名の相談機関が配置された。この運営は、地域の多様な組織によって運営されている。

もうひとつは、代表性の変化である。かつてのTWOは、住民を代表する組織として、体制に対抗していた。しかし、現在、TWOが対峙しているのは、地域に暮らす住民である。住民間には、1960～70年代よりも多様性が生まれている。オバマ・ライブラリーの誘致やコテッジ・グローブの再開発を喜んで

受け止める集団がいるのに対して、ジェントリフィケーションを招くとして反対している集団もある。つまり、TWOは、すべてのウッドローンの住民の声を代表しているわけではないということである。

7.3.2 都市再生と不平等に対抗する

　バーンは、都市において「コミュニティの断片化」が不平等を助長しており、コミュニティの組織化こそが、人々を再びエンパワメントするための鍵であるとしている（Byrne 1999）。また、都市の中で人々が抱く政治的、社会的にマージナル化されているという感情と、経済的な排除が犯罪に結びついているということと、同様に、再分配の欠如に起因している。階層構造の下部に属するとされる人々が、アリンスキーのような介入者が来るまで、社会的、経済的、政治的な包摂の外に排除されてきたことは明白である。都市開発事業はきわめて政治的な性質を含有しており、地域コミュニティと再開発によって利益を得る層と得られない層の間には大きな不平等が生じる。つまり、従来通りの方法による都市再生によって再分配は実現されない。そもそも、都市再生の目的自体が再分配でない。つまり、アメリカの大都市が抱えているような中心部の社会的、経済的、政治的排除の問題は、物的再開発によっては解決し得ないといえる。開発し、地価が上昇することによって、既に貧しいながら持ち家を持っている人々は資産価値の上昇を獲得したとしても、固定資産税の上昇によってその地域に暮らすことが困難になる。物的開発自体は、再分配機能を発揮しない。

　ジョック・ヤングは、社会的排除の問題を解決するためには、統合主義的要素と再分配要素の両方が必要であるとし、経済的な政策のみを強化するものであってはならず、排除された人々のエンパワメントに注意を払う必要があるとし、政治的包摂と、包摂的な政治が行われなければならないとしている（Young 2007）。この意味で、都市再生に対するソーシャル・アクションと政治的参加を具体化することを中心としたアリンスキーのウッドローンでの戦略は、少なくとも人々を周縁から政治的議論の中心部へと引き上げていったと評価できる。この1960〜70年代の都市再生事業は、外部的な権力によるものであったが、最近起こっているコテッジ・グローブの再開発は、内部的計画とパワーによるものである。つまり、コミュニティが再開発事業の主体になることによって、

利益を守るために闘う相手は消失してしまったのである。それによって、ソーシャル・アクションに基づく、地域の組織化は困難になった。

7.3.3 住民の参加とコミュニティ・オーガニゼーションの代表性

　住民参加のレベルを規定するものに、アーンシュタインの参加の梯子理論[26]があるが、1960〜70年代のTWOは、住民として政治的力と発言権を得たレベルといえよう（Arnstein 1969）。そして、現在の状況は、住民主導による統治の段階にあろう。ここで問題となるのは、コミュニティ・オーガニゼーションが地域の中で、どの程度の代表性を有しているかということである。伝統的なニューイングランドのタウンミーティングのように権利者全員が合意するまで話し合うというような組織でもない限り数万人が暮らす地域の中には、格差や利害が相反する住民が存在する。先に述べたように、コミュニティの中での再開発実施主体がコミュニティ・オーガニゼーションになったときに、外部には、対立する相手がいなくなったが、格差や考え方の違いによって、対立の内部化に転じた。均質な集団で利益や不利益を共有する人々が多ければ、コミュニティ内部での対立は起こりにくいが、地域の中での格差が大きい場合には、非代表的サイドに属する人々の権利が阻害される。発言力のある住民は、力のある層であり、発言できないような住民は、力を奪われた状態にある。

　このように、たとえ地域コミュニティが主導権を握っていても、常にその地域の完全な代表となることは難しいというジレンマがある。ここに、アリンスキーの信念のひとつである地域のボスを探しだして、コミュニティ・オーガニゼーションの主導者に据えることのひとつの意味が見出される。つまり、地域の中で発言権を持たない住民たちが、自分の意見や考えを代弁し、代表してくれると信じることができるボスの存在の意味と重要性をアリンスキーは見抜いていた。しかし、今日ウッドローンでは、このようなビッグボスのいるボス社会は崩壊し、小さなギャング組織が混在しており、反社会的な行為や犯罪な

---

26) アーンシュタインは市民参加には住民の意見を取り入れない段階、形式だけの参加、住民の権利としての参加のように段階があるという理論を展開し、「住民主導」「部分的な権限委譲」「官民の共同作業」「形式的な参加機会の拡大」「形式的な意見聴取」「一方的な情報提供」「不満を逸らす操作」「世論操作」という8段階があると論じている。

どと絡んでいる。さらには、ウッドローン内部の東と西の格差問題も代表性のあり方を複雑にしている。そして、アリンスキーのオーガニゼーションの方法論としての住民の共通の敵を外部に探し出しコンフリクトによって組織化を図るという手法は、コミュニティの主体形成と事業主体化が成立した後には、意味をなさないのであった。

7.3.4 ネオリベラリズムとコミュニティの主体形成

終わりに、アメリカモデル福祉国家の変化を手がかりに、TWO の位置づけと役割の変化を考察しておく。

1964 年に公民権法が成立し、ジョンソン政権下で実施された経済機会均等法の元で政府によって、コミュニティ・アクション・エージェンシーが主にアフリカ系アメリカ人で占められるコミュニティに設置された。コミュニティ・アクション・プログラムにおいては、事業の計画、決定、実施に関して、対象地域における「最大限可能な住民参加」を確保することが補助の条件とされた（西尾 1975）。つまり、アメリカ連邦政府の主導による住民参加とコミュニティ・オーガニゼーションがすすめられていったが、政策課題とこのプログラムに参加することが期待されていた貧困層の間には利害や要求が必ずしも一致していなかった（Marris & Rein 1974）。公民権運動によって力を得たブラック・コミュニティにおいては、自分たちの地域のことは、自分たちで決定し、地域の小学校の教員や警察官などをアフリカ系アメリカン人にするように求めるなど、強い自治権を得ることを期待していた。モイニハンは、コミュニティ・アクション・プログラムは、結局のところアリンスキー戦略が各地で起こることを期待していたが、失敗に終わったと指摘している（Moynihan 1991）。アリンスキー自身は、コミュニティ・アクション・プログラムが、バック・オブ・ザ・ヤード組織化の影響を受けて制度設計されていると考えていた（Alinsky S. 1971）。マリスらの指摘によれば、コミュニティ・アクション・プログラムでは、公的機関と民間機関が立場の違いや目標の違いに対して歩み寄らないまま勝手に行動したことによって、貧困なコミュニティにパワー（主導権）を与えるような変革は起こらないままに終わったとしている（Marris & Rein 1974）。結果から考察すると、福祉国家的な中央集権型のトップダウンの方法論によって、コミュ

ニティにおける可能な限り最大限の住民参加による民主主義的な自治やコミュニティ活動は起こすことができなかった。アリンスキーは、都市再生においては、シカゴ大学やシカゴ市を目の敵にして批判し、コンフリクトを生じることによって地域住民の組織化を図っていった。コミュニティ・アクション・プログラムには、地域に介入するための専門家として多くのソーシャル・ワーカーが雇用されていた。アリンスキーの矛先は彼らにも鋭く向けられていたのである。このようなアリンスキー方式は、合衆国政府主導のプロジェクトに合致するはずもなかった。アリンスキーは政府のトップダウンによる事業に参加することをよしとしていなかった。他方、政府にとって抵抗する組織に対して補助金を出すほど皮肉なこともない。

1980年代になると、ネオリベラリズムが台頭する。ネオリベラリズムは、自由市場、規制緩和、民営化政策を基盤とした経済哲学によって成り立っており、福祉国家のように政府主導の政策をできるだけ減らして、市場に委ねることを志向している。政府からのコミュニティへの補助金は減少し、コミュニティ・オーガニゼーションの財源は、この意味でも民間の助成財団からの寄付を中心とする方向に移行した。このため、コミュニティ・オーガニゼーションは、ソーシャル・アクションよりは、成果主義的な傾向を強め、事業型の組織へと転換していった。

1960年代のソーシャルアクションの担い手から、1970代以降、事業実施主体へと自らの役割を転換していった背景には、小さな政府主義への転換が大きく影響している。自らが事業者であり、サービス供給主体となったために、具体的で身近な批判を行うターゲットを失ったTWOは変質を余儀なくされた。また、TWOのようなサードセクターが活動するための資金源は、民間助成財団の資金が中心となるが、組織を担うための人件費を確保することは重要であり、そのためには、時代の流れに即した補助金トレンドに乗る必要がある。

結果として、TWOは主体形成を実現し、ウッドローン・コミュニティのコントロールを手にしたが、政府資金の削減や福祉改革に抗うには、組織は小さすぎた。コミュニティを基盤とした組織では、コミュニティレベルでの課題の解決には力を発揮したが、連邦政府レベルでの要求行動に対しては無力であった。1960年代の住民のスポークスマンとしての立場から、1970年代以降に生

じた事業主体化とギャング組織の台頭による地域の分散は、ある意味闘争型組織としてのTWOを骨抜きにし、中庸化させていった。

　本章は「ウッドローン・コミュニティにおけるソウル・アリンスキー思想の継承とコミュニティ・オーガニゼーションの役割の変質」（仁科 2019）に修正加筆した部分を含む。

8章　コープ方式による地域再生

　2004年1月、40人のローガンスクエアの住民が、コミュニティの中に持続可能な社会に資する食料品の選択肢ができる店がほしいという共通の願いを持って運動し、ローガンスクエアの一角に小さな店ディルピクルができた。生活協同組合は、資金源を強化するために中央集権的になりがちであるが、アメリカの場合は地域性を重視しているものが多い。

　当時、ローガンスクエアとその周辺地域では、新鮮な有機農産物や健康食品などの商品がほとんど売られていなかった。住民は、より裕福な地域にある店舗に買い物をするために出かける必要があった。地域の安全な食や多様化した食品ニーズの選択肢を満たしていなかった。近隣地域は人口が増え、住民の高い意識によって急成長してきた。住民たちは、食品に対する高い要求だけでな

写真-19　コープ方式で再開発されたディルピクルコープの店舗（仁科撮影）

く、近隣地域に対しても改善の要求を持っていた。そして、5年間、この要求と新たなライフスタイルを実現するために、コミュニティを改善したいという思いを強め、ボランティアチームとして働くことになった。

　2005年には、1920～30年代にイリノイ州の非営利団体としてのボランティアクラブ、アートスペース、自由思想家のためのフォーラムとして設立された団体にちなんでディルピクルと名づけられた。2005年から2008年の間に、協同組合のメンバーを募集し、店舗の出店に向けて資金を調達しはじめた。

　一人あたりの出資は、一口100ドル、一人5口までという取り決めの下、1,700人から出資と借入を行って資金を調達し、2006年に9名の理事を選出する選挙を行った。最初のメンバーローンプログラムが開始され、Co-opは低金利ローンで50万ドル以上を調達することができた。

　このローンのうち、3.2万ドルは、0～4％の金利で地域住民から借り入れることができたのだった。残りは、センター・フォー・チェンジング・ライフといった非営利の支援組織からの借り入れによる。

　資金提供を受けて、ディルピクルは

写真-20　（上）ディルピクル店内の野菜売り
写真-21　（中）同、量り売りで売られる穀類
写真-22　（下）同、店内に設けられたカフェ
（仁科撮影）

写真-23 買い物袋を持ってくると5セントを寄付することができる瓶が並ぶ
（仁科撮影）

2008年9月に3039 West Fullertonに1,300平方フィートの賃貸借契約を締結した。2009年12月についにオープンし、コミュニティは、この店を圧倒的に支持した。最初の営業年度では、売上高は1,300万ドルとなり、5年目の当初計画額の約2倍となった。オーナーシップの数も増加し、小売業の初年度で倍増した。2009年以来、ディルピクルは引き続き2桁の売上成長を見せており、現在1,700人以上のオーナーを抱えている。

ディルピクルは、単なる共同購入店というだけではなく、社会的価値観の共有に力を入れている。まず、その組織の理念として、ジェンダー、社会的、人種的、政治的または宗教的差別なく、自らのサービスを利用することができ、会員としての責任を受け入れることができるすべての人に開放されていることを提唱している。

また、意思決定に関して会員が責任を持って組織に参画し、民主的な方針の立案や、意思決定が行われることを規約に示している。

出資したメンバーは分割不可能な剰余金以外の部分については、協同組合を発展させることに還元するが、それ以外の部分については、出資者が利益を受け取ることになっている。

組織は自律と独立を宣言しており、これはメンバーによって管理されるものであるとしている。そして、他の組織との協定を締結したり、外部から資本を調達したりする場合、メンバーの民主的統制を確実にし、協調的自主性を維持するという観点からそれを行うとしている。

ディルピクルの営業方針のひとつは、安全な食料の調達であるが、もうひとつの柱は、地域コミュニティへのコミットメントである。地域の中で行われている様々な行事やイベント、キャンペーンにディルピクルも参画している。さらには、サスティナビリティもひとつの柱となっている。ディルピクルでは、

独自の買い物袋を販売し、ほとんどの買い物客がこれを使うか、自分の買い物袋を持ってくる。こうして、ビニール袋を使わない客には、環境共生に資する行動をとったとして、レジで支払いを終わったときにトークンが渡される。出口には3つの瓶が並べられており、3つのコミュニティ・オーガニゼーションの名前が書かれている。もらったトークンをこの瓶に入れると、寄付されたトークン分の金額が、それぞれの組織に対してCo-opから現金で寄付される。

また、コンポストの作り方の講習会や、子どもや地域の人々のための集まりが店内のカフェで頻繁に開催されている。店舗は、単なる食料品の購入の場ではなく、地域の人々のためのコミュニティスペースとして運営されている。ディルピクルの憲章には、「協同組合は、メンバーが承認したポリシーを通じて、地域社会の持続可能な開発のために働くこと」と示されている。

現在では、イリノイ州の中でも、生協組織は数少なく、シカゴ大学の地域にある本屋とカフェを運営しているコープ以外にはディルピクルだけである。近年、シカゴ市の中でも数箇所が、同じような組織の検討を行っている。市内では、ファーマーズマーケットの人気が根強く、リンカーン・パークやウッドローン、ハイドパークなどにも日を決めて生産者が食品を販売にやってくる。食の健康と安全や、生産者とのつながりを求める市場が生まれている。しかし、ディルピクルの試みは、それだけではなく、出資者、利用者、メンバーともに、近隣地域を重視した組織構築を行いながら事業を展開している。これもコミュニティ組織化のひとつの形である。また、出資者に対して利益還元をすることや、店舗の開店からの呼びかけやかかわりを通じて、地域の人々の中には、自分たちの店という思いが強い。ディルピクルは、雇用に関してもリベラルな考えを示しており、できるだけ地域から雇用する、他の商業店舗に比べてより正規の雇用を多くし、かつ、給与面でも公正であることを重視している。

空き店舗の建物を活用したディルピクルの店舗の整備は、これまでのローガンスクエアの取り組みの結果として、近隣地域の中に、住民の共同性や共生の概念が醸成されてきていたことも要件のひとつであろう。また、シカゴ大学のあるハイドパークとローガンスクエアは、77のコミュニティ・エリアの中で最も民族の多様性に富んだ地域である。現在シカゴ市においては、この二つの地域にだけコープが存在している。

都市再生の観点から言うと、この取組みは、協同組合方式による商店街の空き店舗再生事業であるといえる。

9章 人口減少時代の
　　　コミュニティ・プラクティスの可能性

9.1　3つの事例から見た考察

　本書第Ⅰ部では、現代社会におけるコミュニティ・プラクティスの意味と、役割、機能について検討した。役割を検討する中では、コミュニティ・オーガニゼーションの父といわれるソウル・アリンスキーのコミュニティ・オーガニゼーション、及びソーシャルワークとしての枠組みと理論について検討し、エンパワメント概念についても検討した。第Ⅱ部では3つの地域におけるコミュニティ・オーガニゼーションを取り上げて考察した。コミュニティ・オーガニゼーションの活動分野は幅広く、しばしばソーシャルワーク理論の枠組には収まりきれないが、住民の生活という視点から見ると、多様な生活課題が出てくることは当然である。つまり、コミュニティ・オーガニゼーションは、社会福祉サービスの範囲に収まらない活動を行ってしかるべきである。

　本書の焦点となっているのは、コミュニティ・プラクティスの中心となっているコミュニティ・エイジェンシー、またはコミュニティ・オーガニゼーション、あるいはコミュニティ組織の活動である。この主体は、コミュニティに拠点を置き、地域住民の生活の改善のために働いている。この主体の役割や位置づけを考察していくと、政府、市場、コミュニティの重なり合うところに位置するサードセクターであるといえる。市場と非営利民間主体の関係性、公共セクターとサードセクターの関係性、サードセクターの位置づけには一定の原理が見出されている（米澤 2017, 向井 2015, Pestoff 1998 ほか）。本稿は、サードセクターの本質を問う議論を行うことを目的とはしていないが、コミュニティを基盤とした組織がサードセクターとしての性格や機能を有していることは、これまでの考察から明らかである。本書の中に登場する組織はすべて非営

利組織の認定を受けている。本書の中で、市場や政府との関係性を議論する際には、組織が非営利であることよりもサードセクターとして位置づけて議論することのほうが重要であると考えている。なぜならば、筆者が考察したコミュニティ組織は、市場、政府、地域（コミュニティ）の調整を主な機能としているからだ。特に、現在のウッドローンとイングルウッドに見られるのは、人口減少によって、市場からの投資が無くなった地域に、投資を誘致しようとする調整であり、犯罪多発地域における防災、安全活動など、市場では提供されないようなサービス、しかし、地域に必要なサービスを生み出すように機能している。

　アリンスキー時代のウッドローン、ローガンスクエアの共通性は、政府との対立である。しかし、両者とも政府との対立を梃子に、結果として住民の主体形成やエンパワメント、地域組織化を誘引していた。

　さらに、ローガンスクエアでの生活協同組合方式による再開発事業を考察すると、住民参加の仕組みのメリットが最大限に生かされていることがわかる。イングルウッドの例をとって、再開発事業には再分配機能が無いということを述べたが、実は、組合方式によるスーパーマーケットの開発には、分配機能が内蔵されている。生活協同組合は、出資者をつのり、利益が出た場合にはそれを分配する。また、再開発について、出資者がステイクホルダーとなって、話し合い、店舗の内容、コンセプトについて意見を交換し、住民参加を可能にしている。これは、アメリカの生活協同組合が地域密着型の展開をしていることに大きく影響されている。中央主権的な生活協同組合は、多くのステイクホルダーを抱え資金規模も大きいが、単なる出資となり、地域を基盤とした住民参加は達成できない。生活協同組合の店舗とイングルウッドや、ウッドローンで誘致したスーパーマーケットとの違いは、住民の帰属感であろう。

　生活協同組合、農業協同組合以外の協同組合は現在日本にはないが、コミュニティを基盤とした事業を実施していく上で、協同組合[27]が有効な手法になる蓋然性が示唆される事例である。

　このような視点でみると、コミュニティを対象とした援助の方法論として、確立できるふたつないし3つの方向性が見出せたように思う。

27）イタリアや韓国では法制化されている。

第Ⅱ部では、3つの地域のフィールドワークついて考察した。その結果、わかったことは以下の通りである。

(1) イングルウッドからの考察

　コミュニティ・プラクティスが行われている地域では、人口減少や犯罪の多発によって市場による投資が著しく少ないという共通点があり、政府でも企業でもないコミュニティ・エイジェンシーやコミュニティ・オーガニゼーションが主体となって、地域の再開発や犯罪防止、住宅供給、サービス提供などを実施している。

　イングルウッドの事例からの考察は、3つある。

　第一に、ここでは、コミュニティ組織が他の非営利組織、行政機関、営利事業者と連携して、地域の再開発を実施していた。70年にわたる人口減少によって、市場からの投資がなくなった状態となっており、利益を生み出すことを目的としない組織が活動している。そのため、利益にならなくても必要な事業を実施するというミッションを遂行することを可能としている。それは主に、市場と政府と地域との調整機能である。

　第二に、人口減少による空き地の発生に対しては、シカゴ市がGHN計画を立案して人口減少地域における土地利用の基本方針を明確化している。その方針は、都市内に農地を整備することと、住宅戸数を減じてコントロールするという現実的なものである。人口減少に対して、住宅を供給して人口を増やす方針ではなく、住宅供給をメインの道路の結節点の周辺や駅周辺に限定し、空き地は、隣家やNPOに1ドルという極限に安い値段で買い取らせている。空き地は、税金が支払われなくなって接収されており、1ドルで払い下げたとしても、所有者が明らかになれば、固定資産税は入ってくるということになるため、シカゴ市にとってはメリットがある。1ドルの土地を取得し活動するには、営利を目的としない主体であるという要件がある。本書では、NPO組織としてグロウイング・ホーム、キッズ・コーナを紹介したが、このほか、宗教施設やチャリティ団体、断酒会など、地域に需要がありそうなサービスを展開する組織が土地を購入している。土地価格の低減は、事業のための初期投資コストを

低く抑えることができるために、ホール・フーズ・ストアの誘致にも成功した。ここで、示されたことは、人口減少に抵抗して人口を増やすための事業を実施するのではなく、人口減少を受け入れ、地価が下がったことのメリットを生かして地域を再生しているというパラダイム転換である。

　第三に、イングルウッドでは、過去60年あまりの間に、8回の再開発事業が実施されたが、貧困や人口減少に対してほとんど効果が無かった。そもそも、再開発によるキャピタルゲインは、土地に対して生じるものであり、利益者は土地の所有者に限定される。貧困と失業が重要な課題になっている地域においては、再分配と就業によって収入を増やすことが重要であるが、再開発にも、コミュニティ・プラクティスにも再分配の仕組みが組み込まれていない。ホール・フーズ・ストアの再開発は、雇用は確保されるが、雇用数は限定される。更なる雇用を確保するためには、一ドルで購入できる土地に、雇用を拡大できる組織を誘致する必要がある。したがって、コミュニティ・プラクティスによって貧困問題に対応するには、さらなる工夫が必要であろう。

(2)　ローガンスクエアからの考察

　ローガンスクエアについては、エンパワメントとそのプロセスについて考察した。

　ローガンスクエアは、ラテン系の移民が多く暮らしており、LSNAは、移民の生活支援とエンパワメントを行っている。ディスエンパワメントは、出身国での教育や社会的地位に関係なく、工場労働など非人間的な環境におかれたことによって生じる。さらには、出身国での社会的地位が高い場合、移民してからの状況とのギャップに悩むことが明らかになった。

　エンパワメントは、コミュニティ・プラクティスの重要な目的のひとつである。LSNAでは、ペアレント・メンターの事業を単に行うだけでなく、研修活動や補助金要求運動などにペアレント・メンターたちを引き込んでいる。これをきっかけに、権力との接点や権力を持っている人との対話、政治活動への参加によって、エンパワメントされる様子が考察された。こうしてエンパワメントされた人々は、地域の小学校のバイリンガル教員やコミュニティ・オーガナイザーとして働き、社会的、経済的に地域に貢献している。

移民女性のエンパワメントには、第二外国語としての英語の取得が関連しており、特に経済的エンパワメントを求める場合には、これが不可欠である。さらに、エンパワメントには、英語能力の取得などの認知能力だけでなく、集団の中での話し合い、言葉で表現するなどの非認知能力が問題の共有化に重要な役割を果たしている。この取り組みの中には「あなたの夢は何ですか」という母や妻となって自己を喪失していた人々が再び自己を回復するためのマジックワードがあった。この言葉は、異なる場面で同じように働くかどうかは不明であるが、このケースに関しては人々を動かす問いかけとなっていた。

(3)　ウッドローンからの考察

　ウッドローンでは、アリンスキータイプの組織から、事業型の組織へと変遷が見られた。実際に地域の中で活動しているのは、利益を重視しないタイプのディベロッパーや組織が中心である。ジェントリフィケーションに反対する層と期待する層に二分化されている。イングルウッド、ウッドローンの両方の考察から言えることは、建物の更新によって貧困は解決できない。しかし、セクション8住宅のような低所得者が入居可能な住宅の供給が「追い出し」を少なくすることは可能である。再開発がジェントリフィケーションを招き、オバマ・ライブラリーのような事業が地域を活性化する、つまり、更なる投資を地域にもたらすことは確かであるが、貧困や失業への対処となるかどうかが、ウッドローンにおいて、もう少し丁寧に考えられなければならない点である。

　住宅再開発において、ミクスト・ディベロップメントが掲げられる理由として、よく説明されるロジックは、「多様な層が暮らしていたころは、助け合いがあり、貧しい人も地域の暮らしの中で仕事を得る機会があり、多様性やダイバーシティが重要」というものである。そして、開発によって、活性化した地域に投資や仕事が増えて、これまで失業していた層も仕事にありつくことができるというようなトリックルダウンの論理が提唱されることもあるが、これについては、今後少なくとも10年間ウッドローンを考察する必要がある。ミクスト・ディベロップメントは、セクション8住宅や公営住宅の建て替えでは、コンセプトとなるが、もともと所得が高い人々が暮らす住宅地において、コンセプトになることはない。老朽化した住宅地が整備され、以前の住人より、所

得が高い人が暮らすようになったとき、低所得者はどこに行くのか？支払い可能な家賃の住宅がある地域に移動するのではないか。

(4) 方法論に関する考察

　これらの地域において活動しているコミュニティ組織には、コミュニティ・プラクティスの専門家が働いており、セツルメントと同様に拠点をつくり、地域の課題解決のために事業を打ち出して行く。そこでは、かつてブラック・パワーが求めていたような住民によるコントロールや住民参加は、必ずしも行われていない。

　住民参加は、むしろ、アリンスキー方式のアグレッシブなコミュニティ・オーガニゼーションにおいてみられ、政治活動への参加や、権力との接触がエンパワメントのひとつの鍵となっていた。

　ローガンスクエアのように、住民をエンパワメントする仕組みを持っていると、力を得た住民がコミュニティ・オーガナイザーや教員として働くことによって地域に還元されていく。事業型のコミュニティ・オーガニゼーションにおいては、積極的なエンパワメントが見られなかったが、長期間の後には、何が起こるかについては、考察を続ける必要がある。

　コミュニティ組織で働くコミュニティ・オーガナイザーでマスター・オブ・ソーシャル・ワークを取得している人はほとんどいない。しかし、理論的枠組みの中では、現在考察されているようなコミュニティ・オーガニゼーションを含有した枠組みとなっている。アメリカでのコミュニティ・オーガナイザーのプロフェッションについては、別の研究があるが、つまるところ、シカゴにおいての考察からは、現在のソーシャルワークや、社会福祉学の枠組みを超えた現象であり、専門性が求められているといえるだろう。

9.2　ポスト福祉国家とコミュニティ・プラクティス

　ウッドローンのコミュニティ・オーガニゼーションの変遷や、イングルウッドのような調整型の組織が現れてくる背景を考えてみたい。

　1980年代、レーガン政権、サッチャー政権が擁立され、小さな政府主義を

掲げたネオリベラリズムが世界を圧巻したのに対して、1990年代はポスト福祉国家論として、「第三の道」を行くニューレイバー（新労働党）と社会民主主義がイギリスをはじめ西欧諸国に広がった。「第三の道」は、福祉国家のもとで形成されてきた福祉への「依存」を脱却する必要性を強調し、同時に「ワークフェア」をとりいれ、人びとの受動的態度を助長することをやめ、リスクを自分で積極的に引き受けようとする能動的な態度を育てるものに社会保障を再生しなければならないとしている（Giddens 1998）。同時に、「第三の道」は、コミュニティを重視する立場を採っている（Tayler 2011）。ギデンズによれば、「活力のある市民社会」とは、「責任あるリスク・テイカー」からなる社会（Giddens 1998）であるとしている。「第三の道」が描く新しい社会保障は、「ワークフェア」の原理を積極的に組み込んだ「ウェルフェア」という特徴を色濃く持っている。「第三の道」は、社会保障を「最低レベルのセイフティネット」にまでは切り詰めないという点でネオリベラリズムとの違いを主張している（Giddens 1998）。日本では、ヨーロッパやアメリカの動向からは遅れて、2001年の小泉政権下で、社会保障や公的施策の位置づけについて、セイフティネットという考えが前面に押し出されるようになり、市場中心主義と市場の失敗に対応するのが公共政策の役割という考え方が浸透した。

　このような思想的背景の下、西欧においてはワークフェアとアクティベーションが浸透していると同時に、「第三の道」の大きな特徴として、社会を構成し、共同で責任を持つ主体としてコミュニティに対する期待が大きい。ニューレイバー政策は、コミュニティの有する共同性や互酬性に大きく期待している。

　これに対して、90年代、アメリカは、新自由主義思想のもと、真に困窮した場合かつ、就労可能性を自ら追求した場合にのみ付与される選別主義的福祉概念を独自に形成していった。そして、直接給付は年限を定め、働くことや、働くためのスキルを得るための訓練や教育を受けることを条件に給付を行うという独自の福祉概念が生まれた。

　アメリカにおいても、新自由主義思想のもとで、コミュニティの役割に対する期待は大いに増強されたと考えられる。コミュニティを重視する考え方は、アメリカの民主主義の原点とも言えるニューイングランドのコミュニティに起

源を持つが、同時に、ひとつの緊密なコミュニティは他を排除するという原理にも基づく特性も発揮した。1950年代以降、人種差別、移民の流入と郊外開発によって大都市中心部の空洞化し、ホワイト・フライトによって、貧しい住民が都市の中心部に残されていた。これによって、社会的、経済的、文化的背景の異なる多様なコミュイティがモザイクのように都市の中心部に存在するようになっていた。

　1960年代の公民権運動に参加した人々は、コミュニティにおけるガバナンスを主張し、アフリカ系アメリカ人の地域において教育者や警察官を自分たちの人種から輩出することを求めた（Solomon 1976）。大企業の作る財団による助成を主たる財源として、コミュニティ・エイジェンシーを中心に経済、教育、医療、福祉、安全、就労支援などの包括的社会サービスを媒介し、形成するまでに展開していることは、アメリカ独自のシステムである（仁科 2013）。アメリカのコミュニティ組織は、コミュニティにおけるマイクロ・ガバメントとして、計画や事業の実施主体でもあり、住民の組織化を行うコミュニティ・オーガナイザーでもある。これと同時に地域住民の要求を行政に対して代弁する役割をも果たしている。コミュニティ・プラクティスは事業中心となり、地域をマネジメントするプロフェッショナリズムを要求されるようになった。

　日本では、高齢社会の進展に伴って、これからの国の政策を方向付ける指針として「高齢社会対策大綱」（2018年2月）が提唱されたが、この柱の一つは、年齢を問わず地域や仕事において活躍できる社会と高齢者を支える互酬的地域共同体の形成であった。今後の高齢社会の中で住民が互いに支えあう社会を目指すことを強く投げかけている。

　20世紀後半から、21世紀にかけて、このように背景や歴史が異なる先進国が、いずれも、19世紀のセツルメント時代を回顧するようにコミュニティへの依存を深めてきたことは間違いない。

　このようなコミュニティへの期待、さらに詳しく言うとコミュニティが持つ地域問題解決機能への公からの期待は、20世紀後半からの特徴であり、ポスト福祉国家の流れの中で現れてきている。ウッドローンに見たコミュニティの変質も実は政府との対立から自立へという関係性の変化の中で生じたのではないかという点は、本文中で指摘したとおりである。

コミュニティに対する期待が膨らむ一方、その歪や限界も指摘されてきた。当然ながらコミュニティは万能ではない。ジョンソン大統領の展開した「貧困との戦い」には、ブレインとしてコミュニティ・オーガナイザーが加わり、コミュニティ・アクション・プログラムが展開されたが、この政府の押し付けに対しては、住民や市からも反発があがった（Marris & Rain 1967）。貧困層は、同質ではなく、その要因や解決への道、また政治的志向性も異なる。これによってせっかく導入されたプログラムに対する反発を招いた（Marris & Rain 1967）。また、コミュニティに包摂されている人々によってプロジェクトが管理され、その外側の人々は排除されたままであった（Marris & Rain 1967）。コミュニティ・アクション・プログラムの失敗は、トップダウンのコミュニティ政策の持つディレンマを示唆する。

また、コミュニティ内部の結束が固いほど外部者を排除する機能が強いことが既に明らかになっている（Suttles 1972, Bauman 2001）。このため、コミュニティにおける社会的包摂の原理は、社会全体としては微妙な問題である。この例として、アメリカ郊外住宅地のハウジング・アソシエーションが異質な世帯の混合を避けるためにリストリクティブ・コベナントを使用していたことからもわかる。コミュニティは、政治的レトリックとして使われることが多く、緊密なコミュニティ、すなわち善と捉えられがちであるが、実は、コミュニティの持つ緊密性、同質性という特徴自体が、その限界につながっている。

アメリカの大都市は、人種、貧困、高齢化、移民、産業衰退、犯罪など人々の生活に困難をもたらす要因が相互連関かつ複雑な問題の集合体として存在し、都市は多様な問題を抱えた地域の集まりのように多様化している。これまでに実施されてきた単純な広域的政策手法を適用しても、コミュニティ間の格差が大きく実質的な効果を期待することはできない。そこで、アメリカの大都市部では、コミュニティをベースとしたまちづくり主体が現れており、地域の抱える問題を解決するために起業し、就業することが難しい人々を雇用し、物的再生だけでなく、地域の人々の生活を再建することにも力を入れている。

日本の大都市では、マスハウジング期に建設された大規模団地や木造住宅密集地域などで周辺地域を大きく上回る高齢化や、貧困が進み、地域が社会から切り離された状態が生じている。中山間地域では、1950年代の高度経済成長

期からはじまる人口減少と高齢化によって商店や介護サービスが撤退する等市場から排除された状態が進んでいる。このような中で、市場では成立しないサービスを営利を追及しないタイプの組織が担う例が各地で見られるようになった。ひとつの例を挙げると、熊本県のある町で、7年前に町営の障害者のための生活施設が民営化され、社会福祉法人となったことをきっかけに、世帯数減少で増えた空き家をグループホームとして活用し、荒廃していた畑を障害のある人たちが耕して、大豆を作り、豆腐を製品化して売っている。豆腐の工房は、高齢化した夫婦が閉めようとしていた店を購入し、障害者の働く場として整備した。最初14人の従業員でスタートした社会福祉法人は、現在では100人を超える事業になり、小さな町ではひとつの地域産業といえるような規模に発展している。この社会福祉法人の事業を見学に行った際に、「土地の値段が下がっているから、事業が展開しやすい」という話が出た。このような人口減少と地価の低下は、日本の各地で見られる。

　人口が減少して、土地の値段が下がり、市場の投資がなくなった状態というのは、イングルウッドやウッドローンが経験したどん底の状態と同じである。そのような状態に陥ったからこそ、参入できる事業や方法がある。歴代市長が何度再開発しても再生できなかった地域に、ホール・フーズ・ストアを誘致することができたのは、土地が底値だったこともその理由のひとつである。土地の値段が下がり、人口が減少したことを受け入れて、利益を得ることを目的としない組織が調整役となって事業を行うという現象には共通性が見ら得る。ここに、人口減少社会のコミュニティ・プラクティスのヒントがある。コミュニティや営利を目的としない主体が地域を組織化し、活動しやすい条件を整備していくことが、人々の生活を基盤とした暮らしやすい地域を再生していくための鍵である。

　今後、日本が経験する人口減少は、コミュニティを基盤とする活動にとってもパラダイム転換を余儀なくさせる。そこで、働くプロフェッショナルや資金の循環がうまく機能するための仕組みづくりが今こそ求められている。

謝　辞
Acknowledgment

　本書は、2013 年に出版した『包括的コミュニティ開発』の続編として執筆した。2013 年には書ききれなかた内容やその後に進めた研究によって徐々に構築されてきたものを形にして本書が生まれた。本書は、過去に出版されているいくつかの論文を加筆修正している部分があるが、これについては、各章の終わりに注書きがしてある。

　特に第 II 部の研究を進める中で、フィールドワークを実施してきた。まず、イングルウッドでのインタビュー調査にご協力いただいた住民の皆様方とコミュニティ・エージェンシーのディレクター、ペリー・ガン氏には大変好意的にご協力を頂いた。
　ローガンスクエア・ネイバーフッド・アソシエーションでの研究に際しては、多くのペアレントメンターと、コミュニティ・オーガナイザーのナンシー・オルダマ氏、ジョアナ・ブラウン氏、ブリジット・マーフィ氏、スーザン・ヤヌー氏、レティシア・バレラ氏、イヤボウ・アニホウシュ氏に多くの情報と支援をいただいた。
　ウッドローンでは、コミュニティ・オーガナイザーのテレンス・ミラー氏、アーネスト・サンダース氏に主要な地域や人物にお引き合わせいただきご協力をいただいた。
　この場を借りて、名前を書ききれなかった方々を含め、皆様方に心から感謝申し上げたい。

　また、本研究は、JSPS 科研費課題番号 26380763（6 章）、18K12986（7 章）、及び一般財団法人　第一生命財団「都市とくらしの分野」（5 章、8 章）より助成を受けた部分を含んでいる。これらの研究資金援助なしには、なしえなかった研究であり、心から感謝を申し上げる。

前回に引き続き、御茶の水書房の小堺さんには、様々なアドバイスを賜り、出版にこぎつける事ができた。末筆となったが、ここに感謝を申し上げる。

　研究は、道半ばであり、今後日本が直面していく人口減少、高齢社会においてコミュニティやサードセクターなどに関わって、更なる研究を進めて参りたい。

2019 年 2 月 1 日　　　　　　　　　　　　　　　　　　　　仁科 伸子
　　　　　　　　　　　　　　　　　　　　　　　　　　　Nobuko Nishina

引用文献リスト

Alinsky, D. (1946). *Reveille for Radicals*. Chicago, IL: University of Chicago Press.
Alinsky, S. (1971). *Rules for Radicals*. New York: Random House.
Alpert, E. (2005). *The Woodlawn Organization isn't working*. The Chicago Maroon.
Arnstein, R. S. (1969). A Ladder of Citizen Participation. Journal of the American Institute of Planners, 35 (4), pp.216-224.
Betancur, K. & Y. J. Zhangy (2015). *Standing in Tow Worlds: Neighbourhood Policy, the Civic Arena, and ward - Based Politics* Chicago.
Braizier, M. A. (1969). *Black Self-Determination The Story of The WoodLawn Organization*. USA: William B. Eerdmans Publishing Company.
Burns, M. E. (1949). *Issuer in Social Security*. Boston: Houghton Mifflin Company.
Byrne, D. (1999). *Social Exclusion. Buckingham*: Open University Press.
Candeloro, D. (1995). *Chicago Italians: ASarvey of the Ethnic Factor*, 1850-1990 Ethnic Chicago:.
Caparo, J. (2004). *Community Organization +Community Development =Community Transformation*. JURNAL OF URBAN AFFAIRS, volume26, , pp.151-161.
Chambers, C. (1963). *Seedtime of Reform: American Social Service and Social Action, 1918-1933*. Minneapolis: Minnesota Press.
Chaskin, J. and S. R. Garg (1997). *The Issue of Governance in Neighborhood-based Initiatives*. Sage Publication Inc. URBAN AFFAIRS REVIEW, Vol32, No.5.
Checkoway, B. (1995). *Six strategies of community change*. Community Development Journal, 30 (1), pp.2-20.
Clarke, S. (2017). Community Organization and Development from its history towards a model for the future. University of Wales Press.
Cutler, I. (1996). *The Jews of Chicago : From Shtetl to Suburb*. University of Illinois press.
Davis, A. (1967). *Spearheads for Reform: the Social Settlements and the Progressive Movement, 1890-1914*. New York: Oxford University Press.
Fisher, R. (1994). *Let the People Decide Neighborhood Organization in America*. New York: Twayne Publisher.
MacArthur Foundation (2010). *Comprehensive Approach to Tranceforming Commnities*. MacArthur Foundation.

Freire, P. (1973, 1993). *PEDAGOGY OF THE OPPRESSED 50th Anniversary Edition* by Paulo Freire. Bloomsbury Publishing Inc.

Friedman, J. (1995). *EMPOWERMENT The Politics of Alternative Development.* John Wiley & Sons.

Hallman, H. H. (1970). *"The Neighborhood as an Organization Unit: AHistorical Perspective"* Neighborhood Control in the 1970s. New York: Intext Press, Inc.

Hanna, & B. M. Robinson (1994) . *Strategies for community empowerment.* New York: Melen Press.

Hertz, K. D. (2014). *Watch Chicago's middle class vanish before your very eyes.* https://danielkayhertz.com/2014/03/31/middle-class/.

Hillery, G. A. (1955). *Definition of Community : Area of Agreement.* Rural Sociology, Vol.20, No.2, pp.111-123.

HillR, B. (1988). *Englwood, 1912-1950.* Chicago : Celebration of chicago's Sesquicentennial.

Hong, S. (2011). *A Cord of Three Strands: A New Approach to Parent Engagement in Schools.* Harvard Education Press.

Horwitt, S. D. (1989). *Let them Call me revel*: Saul Alynsky - his life and legacy. New York: Alfred A.Knopf.

Huntington, S. (2004). *WHO ARE WE? The Challengenges to American's National Identity.* New York: Simon & Schuster.

Joravsky, B. (1990). *Alinsky's Legacy.Knoepfle by Peg Edited, After Alinsky.* Springfield: Sangamon State University.

Knoepfleed, P. (1990). *After Alinsky: Community Organizing in Illinois.* Springfield, Illinois : Sangamon State University.

Lane, R. P. (1939). *The Field of Community Organization,* Report of Discussion within Section III of the National Conference of Social Work . Section III of the National Conference of Social Work.

Lettiere, M. R. & R. Stamz (2002). *Image of America Chicago's Englewood Neighbourhood at Junction.* Chicago: Arcadia.

Lindenman, E. C. (1934). *Basic Unites of Social Work.* Kansas city, : Proceedings of National Conference of Social Work.

Marris, & Rein (1974). *Dilemmas of Social Reform. Ontario,* Canada: Penguin Books.

McCaffrey, L. J. (1987). *The I rish in Chicago.* University of Illinois Press.

McGeary, L. & Michael G. H. L. E., Jr. (1990). *Unner-City Poverty in the United States.* National Academy Press.

Morgan, F. J. (2008). *Building Comunity Capacity Through Multisector Collaborations,*.

Reenginiaring Community Development for 21 Century TransformationTrends in Governance and Democracy, Edited by Donna Fabiani and Terry F. Buss, pp.180-196.

Moynihan, D. (1991). *Maximum Feasible Misunderstanding: Community Action in the war on Poverty*. New York: Free Press.

Pacyga, A. D. (1991). *Polish Immigrants and Industrial Chicago* : Workers on the South Side, 1880-1922. Chicago: University of Chicago Press.

Pacyga, E S. D. (1986). *Chicago City of Neighborhoods: histories and Tours*. Chicago: University of Chicago Press.

Papachristos, A. (2013). *Public Health and Law, 48 Years of Crime in Chicago*: A Discriptive Analysis of Serious CrimeTrends from 1965-2013. ISP working paper, pp.13-23.

Pestoff, V. A. (1998). *Beyond the Market and State: Social Enterprises and Civil Democracy in a Welfare Society*. Ashgate Publishing(=2000.藤田暁男・川口清史・石塚秀雄・北島健一・的場伸樹訳『福祉社会と市民民主主義と社会的企業の役割』日本評論社).

Rose, C. S. (1964). *Saul Alinsky and His Critics*. *Chiristianity and Crisis*, Vol.24, No.13.

Ross, & B. W. M. Lappin (1967). *Community Organization : Theory, Principles, and Practice, Second edition*. New York: Harper and Row Publishers.

Rothman, J. (1964). *An Analysis of Goal and Roles in Community Organization Practice*, *Socialwork*, vol.9, No2, pp.24-31.

Rothman, J. & J. J. Tropman (1995). *Strategies of community intervention: Macro Practice*. F.E. Peacock Publishers.

Rothman, J. (2008). *Multi Modes of Intervention at Macro Level*. Journal of Community Practice 15 (4), pp.11-40.

Sanders, M. K. (1970). *The Professional radical:Conversations with Saul Alinsky*. New York: Harper & Row.

Schlesinger, M. (1957). *The Crisis of the Old Order, 1919-1933* (The Age of Roosevelt, Vol. I). Boston: Houghton Mifflin.

Silberman, C. E. (1964). *Crisis in black and white*. New York: Random House.

Solomon, B. B. (1976). *Black Empowerment Social Work in Oppressed Comminities*. New York: Columbia University Press New York.

Spiegel, H. B. (1968). *Citizen Participation in Urban Development*. Volume 1 Concepts and Issues. Wasighnton、D.C.: NTL Institute (=田村明訳『市民参加と都市開発』鹿島出版会).

Stoker, & Stone (2017). *Urban Neighborhoods in a New Era : Revitalization Politics in the Postindustrial City.* Chicago : *University of Chicago Press.*

Sullivan, H. L. (1924). *The Story of Englwood 1835-1923.* Chicago: Englewood Business Men's Association.

Tayler, M. (2011). *Public Policy in the Community.* Palgrave Macmillan.

Team Work Englewood (2005). *New Community Plan.* Chicago: Team Work Englewood, LISC Chicago.

Terpstra, & A. A. Rynell (2016). *Racism's Tool Report on Illinois.* Poverty Social Impact Research Center.

Tribune Chicago (1930). *120000 meals are served by Capone Free Soup Kitchen.* Chicago Tribune, p.14.

Warren, R. M. (1995). *Dry Bones Rattling: Community Building to Revitalize American Democracy.* Prinston University Press.

Weil, Gamble, & E. M. MacGuire (2009). *Community Practice Skills: Local to Globale Perspective.* New York: Columbia University Press.

Weil, R. M. & M. M. Ohmer (2012). *The Handbook of Community Practice.* New York: SAGE Publications.

Wilson, W. J. (1987). *The Truly Disadvantaged: The Inner City, the Underclass, and Public Policy.* Chicago : University of Chicago Press.

Woodlawn Preservation & Investment Corporation. (2005). *Quality of Life Plan, Woodlawn.* Chicago: LISC.

Young, J. (2007). *The Vertigo of Late Modernity.* London: Sage Pubilication.

Zglenicki (1937). *Poles of Chicago, 1837-1937: A History of One Century of Polish Contribution to the City of Chicago.* Polish Pagean.

秋元栄一. (2009).『世界大恐慌　1929 年に何がおこったか』. 東京都：講談社.

一番ヶ瀬康子. (1968).『アメリカ社会福祉発達史』. 東京都：光生館.

久木田純. (1998).「エンパワーメントとは何か」.『現代のエスプリ　エンパワーメント　人間尊重社会の新しいパラダイム』, 10-34.

里見実. (2010).『パウロ・フレイレ「抑圧者の教育学」を読む』. 東京都：太郎次郎社エディタス.

竹中興慈. (1995).『シカゴ黒人ゲットー成立の社会史』. 東京都：明石書店.

西尾勝. (1975).『権力と参加　東京大学社会科学研究所研究叢書47』. 東京都：東京大学出版会.

仁科伸子. (2013).『包括的コミュニティ開発　現代アメリカにおけるコミュニティ・アプローチ』. 東京都：御茶の水書房.

仁科伸子. (2015).「就労を通じた女性のインテグレーションの過程に関するインタ

ビュー記録 ―ペアレント・メンター事業参加者のインタビュー結果―」.『海外事情研究』第 43 巻第 1 号. 熊本学園大学付属海外事情研究所.

仁科伸子. (2017).「アメリカ人口減少都市地域における衰退とソーシャルエクスクルージョンの過程―住民の語りから見るイングルウッド・コミュニティ・エリアの半世紀―」.『社会福祉研究所報』第 45 号. pp.41-64, 熊本学園大学付属社会福祉研究所.

仁科伸子. (2019a).「ウッドローンコミュニティにおけるソウルアリンスキー思想の継承とコミュニティ・オーガニゼーションの役割の変質」.『社会関係研究』第 24 巻第 2 号. 熊本学園大学社会関係学会.

仁科伸子. (2019b).「ディスエンパワメントからの回復に関する研究―シカゴ市ローガンスクエアの移民女性のエンパワメント・プロセスから―」.『社会福祉研究所報』第 47 号. 熊本学園大学付属社会福祉研究所.

向井清史. (2015).『ポスト福祉国家のサードセクター論 市民的公共圏の担い手としての可能性』. 京都市：ミネルヴァ書房.

宗野隆俊. (2012).『近隣政府とコミュニティ開発法人―アメリカの住宅政策にみる自治の精神』. 京都市：ナカニシヤ書店.

米澤旦. (2017).『社会的企業の新しい見方』. 京都市：ミネルヴァ書房.

著者紹介
仁科 伸子（にしな のぶこ）

　熊本学園大学社会福祉学部准教授。博士（人間福祉）。専門は社会福祉学。法政大学人間社会研究科人間福祉専攻博士後期課程修了。在学中フルブライト・スカラシップによりシカゴ大学へ留学。主な著書に、『包括的コミュニティ開発　現代アメリカにおけるコミュニティ・アプローチ』（単著、御茶の水書房、2013）、『3.11からの再生　三陸の港町・漁村の価値と可能性』（分担執筆、pp.257〜282）、『持続可能な未来の探求：「3.11」を超えて』（共同編著、御茶の水書房、2014）。主要論文は、「米国の近隣地域における包括的開発に関する研究〜CCIsによる開発の現状からみた基本的特徴と仕組み〜」（『社会福祉学』vol.50-4（No.92）、2010）、「大都市郊外の公営住宅に居住する高齢者の社会関係性の特性と課題についての研究〜周辺地域との比較において〜」（『社会福祉学』vol.54-1（No.105）、pp.42〜54、2013）、「ディスエンパワメントからの回復に関する研究〜シカゴ市ローガンスクエアの移民女性のエンパワメント・プロセスから〜」（熊本学園大学社会福祉研究所『社会福祉研究所報』第47号、2019）ほか。

【熊本学園大学付属社会福祉研究所　社会福祉叢書28】
人口減少社会のコミュニティ・プラクティス
──実践から課題解決の方策を探る

2019年3月20日　第1版第1刷発行

著　者　仁科伸子
発行者　橋本盛作
〒113-0033 東京都文京区本郷 5-30-20
発行所　株式会社 御茶の水書房
電　話　03-5684-0751

ⒸNishina Nobuko 2019
Printed in Japan

印刷・製本／モリモト印刷㈱

ISBN 978-4-275-02106-9　C3036

包括的コミュニティ開発――現代アメリカにおけるコミュニティ・アプローチ	仁科伸子 著	A5判・二四〇頁 価格 五〇〇〇円
持続可能な未来の探求：「3・11」を超えて	河村哲二・陣内秀信・仁科伸子 編著	菊判・二九四頁 価格 四〇〇〇円
持続可能性の危機――地震・津波・原発事故災害に向き合って	河村哲二・岡本哲志 編著	菊判・三〇四頁 価格 四二〇〇円
「3・11」からの再生――三陸の港町・漁村の価値と可能性	長谷部俊治・舩橋晴俊 編著	菊判・三六六頁 価格 五六〇〇円
直接立法と市民オルタナティブ――アメリカにおける新公共圏創生の試み	吉野馨子 編著	菊判・三一六頁 価格 四二六〇円
現代台湾コミュニティ運動の地域社会学――高雄県美濃鎮における社会運動、民主化、社区総体営造	前山総一郎 著	菊判・四二六頁 価格 八四〇〇円
安全・安心コミュニティの存立基盤	星純子 著	A5判・四五六頁 価格 七六〇〇円
防災コミュニティの基層――東北6都市の町内会分析	吉原直樹 編	A5判・三五二頁 価格 四六〇〇円
被災コミュニティの実相と変容――福島県浜通り地方の調査分析	吉原直樹 編	A5判・五七二頁 価格 一二〇〇〇円
開発主義の構造と心性――戦後日本がダムでみた夢と現実	松本行真 著	A5判・四八四頁 価格 七四〇〇円
	町村敬志 著	

御茶の水書房
（価格は消費税抜き）